Grandir dans l'ombre d'un parent alcoolique

La ***Chronique Sociale*** est à la fois un organisme de formation et de recherche et une maison d'édition. Fondée à Lyon en 1892, elle s'est préoccupée dès ses origines de sensibiliser aux évolutions de la société et de suggérer une organisation de la vie collective, plus solidaire et plus respectueuse des personnes.

Actuellement, les ***Éditions de la Chronique Sociale*** publient des ouvrages et des jeux pédagogiques qui contribuent à mettre en œuvre ces orientations. Issus de pratiques professionnelles et sociales, ils sont au service de tous ceux qui s'efforcent de mieux comprendre le monde.

Chacun pourra s'approprier ces outils et les utiliser, tant pour son développement personnel que pour une action collective efficace.

www.chroniquesociale.com

Couverture : Collection des auteurs

Responsable des Éditions : André Soutrenon

Correction : Gérard Briotet

Imprimeur : Imprimerie Dumas-Titoulet
N° imprimeur : 45865 b

Chronique Sociale, Lyon, Dépôt légal : octobre 2007

Imprimé en France

Jocelyne Allain-Vovard
Dominique Demaria

Grandir dans l'ombre d'un parent alcoolique

Comprendre les personnes

l'essentiel

Chronique Sociale 7, rue du Plat - 69002 Lyon
Tél. : 04 78 37 22 12

Remerciements

Je les ai accompagnés pour grandir ; ils m'ont encouragée à leur tour pour que naisse ce livre,

Merci à Laurent et Christelle d'être tout simplement mes enfants, et de m'avoir appris à être leur mère, à l'image d'une histoire sans fin…

Merci à toi aussi, Gérard, pour l'amour que tu me donnes au quotidien et la grande complicité des moments de vie que l'on partage,

Merci à ceux, avant toi, qui ont contribué à être ce que je suis en tant que femme.

Un signe ému de la main à mes parents sans qui ce travail n'aurait sans doute jamais vu le jour. Et pour toi, Gilles, mon p'tit frère, une pensée complice.

Une reconnaissance particulière à ceux qui ont nourri mon appétit intellectuel, parce que sans doute leurs théories faisaient écho en moi : je voudrais nommer là Tobbie Nathan et Vincent de Gaulejac.

Jacques Lesage de la Haye a, lui, guidé mon chemin par la transmission d'un savoir être : qu'il soit sûr de ma fidélité en matière d'intégrité et d'authenticité.

Merci à la vie de tout ce qu'elle m'enseigne pour rester reliée à ce qu'il y a de plus humain en nous, à travers force et faiblesse, rires et larmes, détermination et lâcher prise,

…avec l'Amour comme fil conducteur…

Un petit clin d'œil à toi, Malik, pour ta vraie présence au monde,

Et à toi, Danny, ma petite sœur éternelle, là où tu es…

Jocelyne Allain-Vovard

Merci à Patrick, mon amoureux depuis plus de 20 ans, qui accompagne tous mes élans,

Merci à mon fils Quentin, dont l'âme est si belle et qui est un vrai cadeau dans ma vie,

À mes filles de cœur Marion et Faustine, qui ont toujours cru que j'étais à ma place dans cette aventure et qui m'ont fait découvrir et agrandir « mon instinct d'amour »,

À ma mère de qui je tiens le goût des livres et celui d'apprendre,

À mon père qui à sa façon sudiste m'a transmis le sens des relations humaines,

aux enfants et à leurs parents, de qui je reçois tant de cette humanité dont je rêve.

Une tendre pensée pour toi Jackie, ma sœur si proche dans notre gémellité.

Merci à ceux qui par leur accueil et leur désir de transmettre, ont jalonné ma route de tant de découvertes. Avec une pensée particulière pour Jacques Salomé et Aleth Naquet. Je reste fidèle à ce premier ancrage qui m'a tant permis d'oser… je n'ai pas oublié que « le possible est juste un tout petit pas après l'impossible » !

Une pensée-soleil pour Odile Ouachée-Simon, docteur du corps et de l'âme dont l'accompagnement m'est précieux.

Dominique Demaria

Un grand merci également à Natacha Demourzith, pour sa confiance, ses encouragements et sa participation active à la parution de cet ouvrage.

Grandir dans l'ombre d'un parent alcoolique

Avant-propos

La Région européenne de l'OMS (Organisation mondiale de la santé)[1], qui compte environ 870 millions d'habitants vivant dans 51 pays, est à de nombreux égards une région hétérogène, notamment en ce qui concerne l'alcool. La consommation par habitant y est deux fois plus élevée que la moyenne mondiale.

En Europe, un homme sur quatre et une femme sur dix ont une consommation à risque et 5 % des Européens sont dépendants à l'alcool. De 40 à 60 % des décès, résultant de blessures volontaires et involontaires, sont imputables à la consommation d'alcool.

Cette dernière représente la troisième cause de mortalité dans l'Union européenne (elle est la cause majeure de mort des hommes jeunes).

Un accident mortel de la route sur quatre serait dû à l'ivresse, alors qu'au foyer, l'alcoolisme des parents serait responsable, selon une étude de l'institut Rand, de 16 % des cas de maltraitance. Selon la Commission Européenne, ces problèmes devraient être combattus en priorité par les États membres. *« C'est à eux qu'incombe la responsabilité majeure d'appliquer leurs propres lois »,* a insisté Markos Kyprianou (commissaire européen à la Santé)[2].

Tous les pays de l'Union européenne disposent donc d'un certain nombre de lois et de pratiques administratives en rapport avec la consommation de boissons alcoolisées, souvent pour des raisons de santé publique. En dépit de cela, près de la moitié des pays européens n'ont pas encore de **plan d'action ou d'organisme coordonnateur sur la question de l'alcool.**[3]

Là où ils existent, les programmes spécifiques se déclinent essentiellement autour de réglementations sur la promotion des alcools et leur taxation, des interventions en milieu scolaire pour prévenir l'alcoolisation des plus jeunes, des actions de prévention en matière de conduite automobile.

Aucune piste de travail sérieuse n'a émergé concernant les enfants qui, sans être eux-mêmes consommateurs, grandissent dans un environnement où « l'alcool fait loi » et perturbe leur développement.

1. L'Organisation mondiale de la santé, institution spécialisée des Nations unies pour la santé, a été fondée le 7 avril 1948. Comme il est précisé dans sa Constitution, l'OMS a pour but d'amener tous les peuples au niveau de santé le plus élevé possible. Elle définit la santé comme un état de complet bien-être physique, mental et social qui ne consiste pas seulement en une absence de maladie ou d'infirmité. L'OMS est dirigée par les 193 États membres réunis à l'Assemblée mondiale de la Santé.

2. P. Avril, correspondant du Figaro à Bruxelles, article paru dans *Le Figaro*, le 25-10-06, « L'Europe s'attaque à l'ivresse mais pas à l'alcool ».

3. P. Anderson et B. Baumderg, *L'alcool en Europe : une approche de santé publique*, Rapport de la Commission Européenne, traduction par Michel Craplet, 2007.

Le travail qui fait l'objet de ce livre prend sa source au sein de la société française. C'est l'un des pays européens les plus concernés par la dépendance à l'alcool. En effet, en France, on estime à cinq millions le nombre de personnes ayant des difficultés médicales, psychologiques et sociales liées à leur consommation.

Dix à vingt pour cent des couples parentaux sont affectés à un moment de leur vie par une dépendance à l'alcool. Dans notre pays, **un enfant sur huit serait concerné par le problème d'alcool des adultes ;** toutefois, si l'on considère le déni important toujours à l'œuvre autour de cette question, il est probable que ce chiffre soit inférieur au nombre d'enfants touchés.

La réflexion et l'analyse que nous proposons au lecteur, par le biais de cet ouvrage, se veulent être le témoin de souffrances tues et non reconnues. Nous pensons que l'accompagnement psychologique des enfants comme des adultes, qui grandissent ou ont grandi, avec un parent alcoolo dépendant, est une dimension qui doit être intégrée aux programmes de santé publique à venir.

Peut-être sera-t-il possible, ainsi, de **sortir du déni et de la « banalisation** » du problème, **en le mettant à sa juste place dans l'histoire du sujet.**

Il convient néanmoins d'être prudents et de ne pas faire de cette question *tout juste sortie du silence* un objet de **« dramatisation** » allant dans le sens de la stigmatisation générant alors des excès inverses.

Loin de nous l'idée puriste de délivrer des messages qui consisteraient à considérer « l'alcool comme dangereux » d'emblée.

Intrinsèque à certaines cultures et en dehors d'un contexte de dépendance, il est aussi source de plaisir et de convivialité.

C'est donc bien seulement l'usage que l'on fait de l'alcool qui est à interroger.

Introduction

En 1994, nous nous sommes interrogées sur le nombre important de familles à transaction alcoolique suivies dans le domaine de la protection de l'enfance[4].

Signalé comme étant dans une situation de danger,[5] l'enfant devait bénéficier d'un soutien, mais lequel ?

La rencontre avec un médecin alcoologue nous a permis d'initier un travail de recherche-action qui a duré *sept ans,* avec des partenaires médico-psycho-socio-éducatifs.

Le fil conducteur de notre réflexion était : **comment prendre en compte la souffrance d'un enfant qui a un parent qui boit ?**

Nous avons pu observer combien il était difficile pour les intervenants de **nommer** l'alcool, d'oser tout simplement prononcer ce mot sans peur, sans honte, sans tabou.

Des réunions à thèmes ont alors été proposées, pour dégager des hypothèses de travail en direction des enfants (exemples : alcool et grossesse, alcool et inceste, alcool et culture, etc.).

L'aboutissement de ce travail de recherche a été la **création de groupes d'écoute et d'accompagnement pour des enfants âgés entre sept et dix-sept ans, ayant un parent alcoolo dépendant.**

Depuis le mois d'avril 2001, les groupes fonctionnent au rythme de deux fois pas mois, à l'hôpital Beaujon (Clichy – 92), dans le service du Dr Batel. L'activité a été initiée par l'association Germinal[6].

Nous sommes intervenues auprès de ces enfants, avec l'idée qu'il était nécessaire de leur fournir un **support à la parole** tant celle-ci était difficile d'accès ; ceci du fait d'un désir de ne pas trahir le parent alcoolo dépendant et de préserver le secret familial tacite autour du problème.

Nous avons donc fait le choix d'une méthode[7] qui s'appuie sur **l'utilisation d'objets symboliques** afin que l'enfant puisse « montrer ce qu'il a à dire ».

Parallèlement, l'intérêt que nous portons à la dimension culturelle du « problème alcool » nous a conduites à prendre en compte le sens du soin en fonction des régions ou des pays d'origine.

4. Jocelyne Allain-Vovard travaille en milieu judiciaire depuis 17 ans : elle effectue actuellement des évaluations ethnopsychologiques en direction des familles signalées, essentiellement issues de la migration.

5. L'article 375 du code civil définit les critères de l'enfance en danger.

6. Association G e r m i n a l : Groupe d'étude et de recherche de moyens d'intervention en alcoologie.

7. Méthode ESPERE®, initiée par le psychosociologue Jacques Salomé. www.j-salome.com. Dominique Demaria est praticienne et formatrice de cette méthode (voir le site : www.institut-espere.com). Elle exerce dans un Espace santé jeunes (soutien à la parentalité) et dans un centre de planification depuis quinze ans.

En effet, les cultures non occidentales se servent souvent de « **l'objet** », non à titre de symbole cette fois, mais pour « exorciser le mal ».

Nos formations plurielles se sont enrichies de cette réflexion, nous amenant à construire un cadre théorique spécifique qui s'attache à considérer **l'objet** (symbolique ou culturel) **comme étant le support au soin.**

Cet objet permet soit de « montrer », soit de « porter » le problème ou le mal : dans tous les cas, il aide à mettre « à l'extérieur de soi » ce qui fait souffrance.

Le *travail clinique,* mené pendant *six ans,* a confirmé la nécessité d'un travail de prévention et de soin en direction de ces enfants.

Encore rare en France, il a suscité des demandes en matière de formation, de sensibilisation, auprès des professionnels de l'enfance.

Afin d'illustrer le monde intérieur des enfants que nous accompagnons, nous proposons en introduction, la lecture du conte[8] qu'ils ont écrit en atelier. Nous avons initié ce travail collectif pour « mettre à plat » l'ensemble des peurs qui les habitent, sous forme symbolique.

Au cours de nos interventions, nous avons recueilli un grand nombre de **témoignages d'adultes ex-enfants de parents alcoolo dépendants**, dont la souffrance, ni entendue, ni reconnue, a généré une blessure enkystée au fil du temps.

Dans leur vie d'homme et de femme, ils ont développé des symptômes directement liés à la problématique alcoolique vécue douloureusement et dans le secret.

Afin d'élargir cette démarche de recherche et proposer à ces adultes un lieu de soin, nous avons créé une *association,* ADC (Alcool, dépendances et codépendances).

Cette association a aussi pour objectif de s'intéresser aux autres dépendances (nourriture, jeu, tabac, etc.) et d'approfondir nos connaissances autour du thème « alcool et culture ».

La recherche-action à orientation clinique, qui est à l'origine de cet ouvrage, est née de nos propres difficultés à travailler avec des familles à transaction alcoolique. Nous espérons que la lecture de ce livre permettra de sensibiliser les intervenants concernés et servira d'appui au développement de formations plus larges.

Nous souhaitons aussi qu'elle puisse favoriser la créativité, en aidant chacun à oser mettre en place des espaces propres au public accueilli.

8. « Le pays de nos peurs ».

Le pays de nos peurs

Il était une fois, un homme qui avait causé la perte du monde. Je vais vous raconter son incroyable histoire.

Cet homme avait l'habitude de boire beaucoup d'alcool. Il avait de plus en plus de mal à s'en passer. Alors son fils avait appris à repérer quand il pouvait s'amuser avec lui et quand il fallait qu'il le laisse tranquille, sans parler, sans jouer.

Dans les moments où le père avait beaucoup bu, dans sa tête, le fils pensait qu'il pouvait s'énerver encore plus que la dernière fois.

Parce qu'il faut que vous sachiez qu'un enfant qui vit avec un papa ou une maman qui boit doit tout le temps faire avec des kilos de peurs qui sont très lourds à porter.

Moi, je crois que les peurs se réalisent toujours et que c'est lucide de craindre un accident quand on vit avec une personne alcoolique.

Pourtant quelqu'un m'a expliqué un jour que les peurs se nichent dans notre imaginaire et je crois bien que c'est vrai, parce que c'est comme si nous, les enfants, nous étions tout le temps en train de nous « faire des films ».

Par exemple, j'imagine une maman qui boit de l'alcool et quand elle traverse la route avec son enfant, si une voiture passe, elle peut les écraser tous les deux. Après, ils sont morts.

Des fois, j'ai peur de n'avoir plus de père ni de mère parce qu'ils seraient morts de l'alcool puisqu'ils en prennent trop.

Si un homme qui a bu conduit, j'imagine qu'il tourne le volant et que la voiture peut cogner dans une autre voiture et provoquer un accident. C'est comme ça que les gens peuvent mourir, par un carambolage qui, lui, peut provoquer une explosion avec du feu partout.

Ensuite, il peut y avoir des gens bloqués dans leurs voitures qui brûlent.

Alors « quelqu'un » appelle les pompiers et les ambulanciers (heureusement, il y a toujours « quelqu'un » pour les appeler !). Ils viennent avec une hache pour casser les portes. Et dans 51 % des cas ils vont réussir à sauver tout le monde…

Mais dans les autres situations, les pompiers peuvent aussi mourir à cause du feu, ne pas avoir assez d'oxygène pour eux.

Et alors, vous imaginez... le feu atteint la forêt et tue tous les animaux : les rennes, les chevaux, les lapins, les iguanes, les oiseaux, les écureuils.

Et le feu traverse le monde. Par exemple, la forêt équatoriale peut brûler. L'Afrique aussi et tous les pays où il y a des puits de pétrole...

Alors, vous serez peut-être d'accord avec moi, le truc le plus horrible qui puisse arriver, c'est que la terre brûle de partout... tout ça à cause du carambolage du début... et donc d'une personne alcoolique !!

La terre disparaîtrait.

Dès maintenant, disons tous aux martiens qu'il faut faire attention à l'alcool parce qu'il peut faire exploser une planète.

Mais tout compte fait, est-ce bien à cause de l'alcool lui-même (inflammable) ou de la consommation excessive de la personne qui a provoqué l'accident, que tout cela est arrivé ?

Parce que je sais bien que les réservoirs à essence peuvent exploser tout comme la bouteille d'alcool si on met une allumette dedans.

Alors moi, je vais aller voler toutes les bouteilles dans les magasins, les cacher dans la terre et les faire sauter avec des allumettes.

Ainsi l'alcool ne fera plus de mal.

Mais au fond, tout est dangereux partout : avec de l'huile qui chauffe, on peut se brûler ; si on oublie de couper le gaz, on peut faire exploser la maison... Si l'eau des toilettes coule trop longtemps, on risque une inondation.

De toutes les façons, quand on boit on n'a plus de mémoire. La mémoire c'est comme un ordinateur qui a un disque dur. La mémoire c'est le cerveau qui travaille. Et quand on boit, le cerveau devient stupide, il réfléchit mal. Quand il y en a trop, l'alcool remonte dans le cerveau et là aussi ça explose !!

Oui, cette histoire de cerveau stupide me plaît.

Je regarde tous les objets éparpillés autour de moi et j'en choisis plusieurs qui pourraient représenter le cerveau stupide. C'est juste pour mieux vous expliquer comment je vois les choses dans mes peurs :

- je prends une petite poupée plate : elle, elle me raconte qu'elle est très moche et que dès que je vais la reposer avec les autres objets, elle va recommencer à boire ;

- et puis un masque marron affreux : lui, il est troué par les molécules de l'alcool ; il a vraiment des trous partout, des choses qu'il ne sait plus faire ;

- une boule transparente : je le vois aussi comme ça, ce cerveau, avec une bouteille à la main. Il la boit entièrement, puis la jette sur quelqu'un quand elle est vide ;

- et un clown : dans sa vie normale, un homme qui ne boit pas de trop est très intelligent. Mais quand il a bu, il est très mal habillé et très bête. Il s'amuse à faire l'idiot devant ses enfants pour les faire rire. Son cerveau ne fonctionne plus, on le voit au chapeau qu'il porte et qui est tout mou ;

- et aussi un pantin rouge tout désarticulé : il se donne une gifle tout seul et se fait mal ! Il se coupe en rondelles et les rondelles vont sur le barbecue. Le cerveau stupide se détruit lui-même : c'est ça les effets de l'alcool !!

- enfin, un épouvantail : il n'a plus de neurones pour réfléchir. Le système nerveux est attaqué. Il ne comprend plus rien, ne peut plus rien faire. Un épouvantail ça sert à épouvanter. Et c'est vrai que ce cerveau stupide, il fait peur.

J'imagine alors, le cerveau stupide dans la forêt équatoriale de tout à l'heure (vous me suivez ?). Il a réchappé au feu, ainsi qu'un médecin. Ce sont les seuls survivants. Par la force des choses ils deviennent amis. Le médecin propose de soigner le cerveau stupide et il redevient comme avant, avec plein de culture générale à l'intérieur de lui. Enfin, non, je crois que ce n'est pas possible de redevenir comme avant, car l'alcool c'est très difficile à soigner. Il restera forcément des blessures, des traces.

Je crois que quand on boit, on peut mourir plus tôt, car de toute façon on oublie de manger. Donc au bout d'un moment, même le cerveau stupide meurt…

Mais moi j'vous l'dis, je veux quand même croire que si cet homme arrête de boire, il ne sera plus stupide !!

Quand je pense à celui dont je vous raconte l'histoire, je me demande s'il n'a pas été un spermatozoïde imbibé qui a bu dans le ventre de sa mère alcoolique. Peut-être que depuis toujours il avait peur de faire exploser la terre en sortant dans cet état et en ne se soignant pas.

Alors nous y voilà. La terre a explosé certes, mais grâce à la pluie qui est tombée pendant dix jours, peu à peu elle revit. Pourtant le vent a soufflé et a apporté des nuages noirs, chargés de sang.

C'est comme un avertissement : les cerveaux stupides, s'ils se multiplient, rendront cette maladie contagieuse et alors tous les gens de la planète seront imbibés d'alcool.

En conséquence, il faudrait être et rester un cerveau stupide pour être dans la norme, pour être considéré comme quelqu'un de bien.

Les gens intelligents ne seraient plus normaux, ils devraient se soigner.

J'espère bien qu'un jour quelqu'un va inventer un vaccin contre l'alcool car il vaut mieux vivre que mourir, tous les enfants savent cela…

En attendant, moi je sais que pour ne plus vivre sur la planète TAIRE, je ne dois pas laisser mes peurs à l'intérieur de moi car je vais manquer d'air, être fatigué. Je ne vais plus pouvoir respirer.

Aussi je les mets à l'extérieur de moi, j'essaie de ne pas les supporter trop longtemps et je dis à tous les enfants du monde de rester vivants et de parler…

On l'aura compris, boire trop, boire mal, seul ou avec d'autres, est un comportement qu'il convient de décoder pour en comprendre le sens.

En fonction des lieux où nous vivons, *des sociétés et de leurs mythes fondateurs,* **la consommation excessive d'alcool revêt différentes significations.**

Elle peut soutenir des pensées plus ou moins complexes qui soudent le groupe, elle peut aussi soulager les angoisses liées à l'image négative que l'on a de soi. Elle peut enfin être la traduction d'un malaise qui ne s'exprime pas facilement par des « mots ».

En effet, l'élaboration par la parole directe est une croyance qui s'avère efficace pour un certain nombre de sociétés. *Mais l'expression des émotions est une construction culturelle qui n'a pas de caractère universel, de même que l'accès à la parole.*

La souffrance, pourtant, existe bel et bien pour chacun d'entre nous.

Nous avons, pour notre part, choisi la médiation par l'objet, par le biais de la visualisation externe. L'objet sert à montrer ce que l'on a du mal à dire.

Le clinicien pourra ensuite traduire ce qu'il croit voir ou entendre et la personne, adulte ou enfant dans le cas précis de nos groupes, sera à même d'infirmer ou de confirmer les hypothèses de travail posées.

À travers le symbolisme et l'ethnopsychologie, nous avons donc tenté de construire une passerelle entre les mondes.

Première partie

Le cadre conceptuel et les fondements d'une pratique

Première partie

Comprendre le sens des comportements liés à la prise excessive d'alcool dans différentes sociétés ne relève pas de l'évidence.

Traduire l'indicible souffrance qui touche l'entourage a nécessité tant des approches que des outils, qui ont permis l'élaboration d'un cadre de travail sur lequel s'est appuyée une pratique de soin originale.

Le contexte culturel et les représentations de l'alcoolisme[9]

Il n'est de représentation que dans un contexte. Ainsi, quand on parle d'alcool, on se réfère le plus souvent implicitement à la pensée et aux mythes portés par la société qui est la nôtre, occidentale.

Nous nous sommes posé la question de la représentation de l'alcool dans d'autres cultures pour en interroger le sens.

Cet exercice de nature ethnographique nous a contraintes à décrire notre culture, avec ses valeurs, ses codes, ses rites, au même titre que celles de sociétés plus lointaines ou considérées plus traditionnelles.

On s'intéresse actuellement à l'alcool en tant que conduite addictive, comme on a pu le faire depuis quelques années pour le tabac. L'alcoolisme est devenu un problème majeur de santé publique.

Notre pays est un pays riche et même si la pauvreté existe dans les couloirs du métro ou à travers des logements encore insalubres, il est un fait qu'elle ne ressemble en aucun point à celle que l'on a pu rencontrer en Inde ou dans certains pays d'Afrique : sur d'autres continents, manger, boire, dormir sont les conditions essentielles de survie.

L'alcoolisme est une préoccupation de notre temps et de notre civilisation. On peut toutefois noter que le mot « alcool » trouve son origine dans la langue arabe : *Al Kohl*.

Les premiers alambics servirent à fabriquer le fard à paupières connu sous le nom de *Khôl*. Curieusement, quand les Arabes commencèrent à distiller le vin, ils donnèrent le même nom au produit obtenu.

De nos jours, la médecine occidentale utilise toujours le terme de « maladie » qui a fait son chemin dans notre représentation culturelle.

Avant de se confondre avec la maladie, l'alcool a donc été aussi indéniablement une **source de plaisir**, lié à la détente, à la fête ; il a servi à réunir les hommes entre eux.

9. Dans son livre *Pour en finir avec l'alcoolisme* (La Découverte, 2006), le Dr P. Batel, avec qui nous travaillons, indique que les concepts d'« alcoolisme » pour désigner la maladie et celui d'« alcoolique » pour les personnes qui en souffrent, ont été abandonnés depuis plus de 20 ans. Aujourd'hui, le corps médical admet des classifications plus fines en fonction du type de consommation et de ses effets. Tout en accordant une légitimité à ces classifications, nous serons amenées quelquefois à utiliser les « anciens concepts » compréhensibles pour tous.

Ce sont les Grecs qui ont fait pousser les premières vignes à Marseille et les romains qui ont développé l'art de faire du vin.

L'activité liée au vignoble a été ensuite portée par le monde ecclésiastique au sein des abbayes médiévales. Les sources de revenus concomitantes ont servi aux communautés religieuses. En même temps, le vin, dans les pays latins, a été associé à des valeurs spirituelles : l'église catholique rend le vin sacré quand il s'agit de boire le sang du Christ. Le vin est bien pour les chrétiens une réalité objective et fait partie de l'imaginaire collectif.

On peut observer que les boissons alcoolisées ingérées varient en fonction des classes sociales : la bière était, dans les temps anciens, réservée aux pauvres. Actuellement, ce sont les adolescents qui consomment ce produit en quantité importante.

L'alcool est utilisé généralement de façon rituelle, lors de manifestations collectives, à titre de sociabilité et de festivités. Il peut servir en même temps à supporter la misère ou les travaux pénibles, notamment dans les régions agricoles.

L'approche ethnopsychologique nous permet donc de considérer que l'enfant que nous accompagnons est imprégné par la culture de sa famille, que celle-ci soit d'origine française ou étrangère.

La difficulté, pour l'enfant dont les parents sont migrants, réside dans le fait de pouvoir métisser l'apport familial avec les valeurs transmises par le pays d'accueil, notamment par le biais de l'école.

Concernant la prise d'alcool de son parent, la représentation véhiculée à l'intérieur du groupe familial est déterminante par rapport au sens à donner au soin. On sait, en effet, que quelle que soit la méthode proposée pour soigner, si le patient n'est pas partie prenante, il n'y aura pas d'efficacité. Ce qui apparaît comme « vrai » dans la thérapie occidentale devrait l'être aussi pour tout ce qui relève d'une pensée autre.

Ainsi, nous proposons souvent à l'enfant de faire un détour par l'histoire culturelle de sa famille, avec les valeurs qui s'y rattachent, en considérant, comme Tobie Nathan[10], que les mythes sont vrais.

Nous n'avons pas reçu d'enfants migrants dont la mère avait un problème avec l'alcool. Il s'agissait essentiellement du père.

Nous avons ainsi pu travailler avec l'enfant les conditions de l'exil : le plus souvent, c'est au moment du passage entre les deux pays que le père, ou l'homme, s'est mis à boire.

Nous avons accueilli, dans nos groupes, des enfants dont les familles étaient originaires de Colombie, Inde, Afrique du Nord et Afrique noire (ces deux

10. *L'influence qui guérit*, Odile Jacob, 1999.

dernières cultures sont les plus représentées avec la culture française).

L'ensemble des enfants (toutes cultures confondues) a reçu **l'injonction de taire le traumatisme** découlant de l'alcoolisme parental et de ses effets.

Premier exemple : La région de Bretagne, en France

Philippe Carrer[11] signale que cette région est la plus touchée du monde par la consommation nocive[12] d'alcool et l'alcoolo dépendance[13].

Des historiens ont mentionné une grande attirance des peuples celtes pour l'alcool, depuis l'Antiquité. L'auteur souligne, en conséquence, l'importance d'acquérir un certain savoir théorique ethnoculturel pour aborder le problème.

On peut, en effet, remarquer que sur ce territoire breton les rites tels que le mariage, le baptême, la communion, sont largement imprégnés de cet habitus : lors d'un mariage traditionnel, le cortège s'arrête dans tous les « bistrots » pour célébrer l'union. De même, les jeunes en Bretagne parlent encore de « pistes » quand ils évoquent les sorties du samedi soir.

Beaucoup de légendes bretonnes sont des mythes explicatifs de l'origine de l'alcoolisme : pour l'homme, il serait question d'affirmer sa virilité et de « tenir » l'alcool.

Dans la région de Nantes, il y a quelques années encore, les agriculteurs allaient dans des caves implicitement interdites aux femmes. Ils s'y retrouvaient après les travaux des champs pour « trinquer » ensemble autour d'un tonneau de vin.

Ce type d'alcool est en effet perçu comme une « boisson totem »[14] : croire au vin est un acte collectif contraignant. En Bretagne notamment, du fait des valeurs codifiées et transmises culturellement, si l'on n'accepte pas ce rituel, on prend le risque d'être rejeté car on trahit alors le groupe social et familial.

Vincent de Gaulejac[15] met en avant les difficultés propres aux « générations charnières », qui sont celles qui, en changeant de classe sociale (et en même temps d'habitus), se font exclure de leur classe d'origine. La question de l'alcool touche ici à **l'identité du sujet et du groupe.**

---

11. *Le matriarcat psychologique breton*, Payot, 1983.

12. L'usage nocif d'alcool est un terme qui a été retenu par la Société française d'alcoologie, pour indiquer l'existence d'une alcoolopathie (complications au sens large, liées à la consommation d'alcool), repérable, ressentie par le sujet ou observée par son entourage ou un soignant.

13. L'alcoolo dépendance est la forme aboutie des troubles de l'alcoolisation. Elle constitue la complication tardive et fréquente de l'usage nocif. Les parents des enfants que nous accompagnons sont tous alcoolodépendants.

14. R. Barthes, *Mythologies*, Le Seuil, 1957.

15. V. de Gaulejac, *La névrose de classe*, Éd Hommes et groupe, 1996.

Toujours sur le sol breton, Carrer souligne notamment que les jeunes filles peuvent se détourner des jeunes gens qui ne boivent pas, car ils sont jugés « anormaux ». L'alcool serait donc, on le voit, en certains lieux, un **signe d'appartenance et d'affiliation** au groupe, à la collectivité.

En même temps, une des explications données aux statistiques de mortalité importantes liées à l'alcoolisme en Bretagne est celle de l'acculturation linguistique.

Contraint à parler le français, l'homme breton aurait associé, de manière inconsciente, sa langue d'origine à un sentiment de honte qui le poursuivrait encore aujourd'hui.

Un complexe d'infériorité massif lié à une dévalorisation de son statut d'homme et de père en aurait découlé.

Carrer parle de « matriarcat psychologique breton » : en d'autres termes, la femme aurait pris le pouvoir délégué antérieurement à l'homme qui aurait alors trouvé dans l'alcool une illusoire virilité, échappant en même temps à la menace de castration.

Deuxième exemple : L'alcoolisme des hommes maghrébins dans le pays d'accueil

L'ethnopsychiatrie parle de l'alcoolisme en terme de « maladie culturelle ». Tobie Nathan fait l'hypothèse que l'alcool va favoriser une transformation de la vision du monde.

Aussi, si l'on accepte de poser un regard ethnographique sur l'alcool en prenant soin de décrire les manières de boire spécifiques à un système, on peut s'interroger sur la représentation qu'a le même phénomène au sein des différentes sociétés. « Boire est un acte social compréhensible par son ancrage historique et culturel induisant le comportement individuel[16].»

Nous avons rencontré, au sein de nos diverses activités professionnelles, de plus en plus d'hommes originaires du Maghreb et d'Afrique noire sous l'emprise de l'alcool.

Une de nos hypothèses est qu'en l'absence de sa communauté référente, peu reliée aux valeurs culturelles de son groupe, la personne migrante utilise l'alcool comme un **moyen de refoulement** dans un *premier temps* et peut être **d'adaptation** dans un *second temps*.

Dans ce processus, l'acculturation est latente.

En effet, on peut s'interroger sur le fait de boire qui agit en transgression par rapport à la religion, au contraire de ce qui se passe dans le pays d'accueil.

16. J.-P. Castelain, *De l'alcoolisme au bien boire*, ouvrage collectif, L'Harmattan, 1992.

L'immigration maghrébine, depuis les années 1950, a dû « s'adapter » à la société européenne, non sans mal, étant donné les logiques culturelles à l'œuvre qui reposent sur un système de pensée et des mythes différents. La conséquence actuelle pour l'homme alcoolique maghrébin pourrait être une perte de son autorité, de sa place, qui touche à son identité.

Ce qui est avancé plus avant autour de la perte de la langue concernant les hommes bretons pourrait trouver là une pertinence, en considérant également la spécificité de la culture du pays concerné.

Il n'est jamais question de punir la personne alcoolique dans le Coran. Dans ce livre sacré, l'interdiction de boire est la règle, mais de nombreuses interprétations semblent pouvoir l'atténuer.

L'histoire de Dounia nous revient en mémoire. Elle est l'enfant d'un père alcoolo dépendant et vit au sein d'une famille marocaine, musulmane.

Nous avons rencontré cette jeune fille en milieu judiciaire il y a 10 ans quand nous commencions à nous poser la question du suivi des enfants de parents alcooliques.

Nous avions avec Dounia posé des mots sur l'entrée en alcool de son père, qui avait pris sa source au moment de l'exil.

Bien inscrite dans sa scolarité, Dounia s'était investie dans des études universitaires, en se distanciant en même temps de son père alcoolique et de sa famille de milieu social modeste. Pourtant, quand nous l'avons revue, plusieurs années après, Dounia portait le voile : une manière peut-être **de ne pas se séparer totalement** du modèle familial, qu'elle a renforcé en s'affiliant plus encore que ses parents au monde musulman.

Aurait-elle trouvé là la possibilité de se différencier tout en restant reliée ?

Les études universitaires n'auraient-elles pas joué pour elle le rôle de tiers séparateur ?

En prenant symboliquement la place du père alcoolique déficient, l'accès au savoir ne lui a-t-il pas permis de se séparer de la souffrance de sa mère et de grandir en se fabriquant une structure qui la maintienne « debout » ?

Dounia nous a parlé récemment de son père, toujours alcoolo dépendant, mais sa manière de dire laissait poindre un positionnement distancié et un sentiment de honte estompé.

Troisième exemple : L'alcoolisme des hommes d'Afrique noire dans le pays d'accueil : soins et représentations

L'immigration d'Afrique noire date, quant à elle, des années 1980. Il nous semble que l'alcoolisme des Africains en Europe est encore peu observé.

Il y a lieu, dans ce contexte, de considérer non pas le continent africain, ni même le pays, mais les ethnies des personnes que l'on rencontre, car la manière d'être et de penser est propre à chacune d'elles.

Dans les pratiques de soin traditionnelles, les mythes sont pris en compte et s'organisent autour de tout ce qui est extérieur au sujet.

Par exemple, ce sera un esprit malfaisant qui sera à l'origine d'un problème dans le couple. De ce fait et aussi parce que les sciences humaines n'ont pas de « caractère sacré » pour ces populations, nous avons tendance à penser que la prise en compte de l'inconscient n'a pas de sens pour eux.

Dans de nombreux pays européens, certaines techniques de soin « traditionnelles » sont encore pratiquées (sans exhaustivité néanmoins) mais elles restent « secrètes ». En effet, la pensée dominante s'organise autour de la science ou de ses dérivés (le médicament salvateur).

En Afrique, les guérisseurs travaillent sur des « objets qui portent le mal », afin de l'éloigner de la personne désignée. Le mal est là-bas, nous l'avons déjà dit, extérieur à l'humain dont il est question.

On peut faire l'hypothèse que l'alcool, qui « diabolise » en faisant passer la personne d'un état à un autre, prend le sens d'une initiation, partie intégrante des nombreux rituels rythmant la vie d'un homme en Afrique.

L'alcool donnerait alors un **pouvoir** en permettant d'accéder à des « visions » qui sont reçues comme les signes des esprits anciens ou des morts. En Europe, dans une situation similaire touchant à l'irrationnel, on pourrait poser le diagnostic d'hallucinations ou de délires.

Le phénomène des transes est intéressant à prendre en compte à titre d'enseignement sur ce qui fait sens ailleurs : le corps de la personne est visité par un esprit, par exemple celui de quelqu'un qui vient de mourir. Nous avons pu assister au Sénégal à une transe collective avec prise d'alcool. On peut supposer que la réceptivité des personnes s'en est trouvée renforcée. Dans cette situation précise, la consommation excessive d'alcool était culturellement acceptée.

On sait combien la notion d'individu est peu crédible en Afrique puisque la démarche dominante est de se référer au collectif en priorité.

En conséquence, on peut se poser la question de l'alcoolisation en dehors du groupe de pairs, qui prévaut dans le pays d'accueil, pour les hommes africains.

Des pensées plurielles pour un cadre théorique commun

Lors d'un voyage en Afrique, nous avons été reçues par un chef de village. Notre pratique avec les groupes d'enfants, qui s'appuie sur la visualisation externe, l'utilisation d'objets et de démarches symboliques, a ainsi été portée au regard de cet homme. Un échange très riche en a découlé sur « nos manières de faire » respectives.

Le chef de village nous a alors offert l'objet ci-dessous, que nous utilisons dans le groupe comme « bâton de parole ».

Ce « bâton de parole » fait partie des objets que nous avons collectés au fil du temps et que nous utilisons en atelier.

Ce « cadeau » est venu alimenter notre recherche théorique au carrefour de disciplines prenant en compte les ancrages culturels et la médiation par l'objet.

Nous allons maintenant aborder, à travers quelques références au symbolisme, ce qui nous permet de construire une passerelle théorique entre :

- d'une part l'approche culturelle et le rôle de l'objet ;
- d'autre part, la place et la fonction du symbole comme support à l'expression verbale.

Le symbolisme et l'ethnopsychologie

Nous vivons entourés d'objets auxquels collectivement nous avons donné un sens qui diffère de l'image objective que renvoie l'objet en lui-même.

Le *champ du symbolisme* est difficile à délimiter. On peut le situer dans le *champ du mental* et dans le *champ du sémiotique* (la question du signe et de son sens).

Freud a étudié le symbolisme principalement à partir de l'interprétation des rêves. Le monde de l'inconscient est un monde symbolique qui nous renvoie aux *mythes* et au *polythéisme*.

Dans les mythes et les cultures anciennes, les rêves étaient souvent considérés comme des messages envoyés par les dieux. *Pour Freud*, le rêve est l'accomplissement d'un désir refoulé. C'est à travers les associations libres qu'il va traduire les images des rêves.

Selon Jung, le symbole est un terme, un nom ou une image possédant des implications, qui s'ajoutent à leur signification conventionnelle et évidente. Le symbole implique quelque chose de vague, d'inconnu ou de caché en nous.

Dans le domaine de l'ethnographie, nombre de phénomènes sont appréhendés de manière symbolique quand ils se rattachent à la tradition.

Jung parle alors de **symboles culturels** qui servent à exprimer des vérités éternelles à travers beaucoup de religions.

Les hommes, dans la vie quotidienne, ne s'interrogent pas sur leurs symboles ; ils vivent et sont inconsciemment animés par leur signification.

Un même objet, support d'un acte symbolique, peut avoir différentes fonctions : chez les Dorzé (Éthiopie), on se sert du beurre dans des rituels concernant la fécondité ; le morceau de beurre, mis sur la tête, est associé à la semence.

Le même beurre est utilisé encore sur la tête lors de rituels succédant le meurtre d'un ennemi ou d'une bête sauvage. L'homme vivant ce rituel change de statut : il indique qu'une étape nouvelle est franchie (rite de passage).

Deux principes différents sont à la base de l'étude du symbolisme proposé par Lévi Strauss[17] :

- un élément ne reçoit une interprétation symbolique que parce qu'il est opposé au moins à un autre élément ;
- il n'y a pas un domaine d'interprétation unique, mais un ensemble de domaines que Lévi Strauss appelle codes ; les oppositions symboliques s'interprètent. *Exemple* : le beurre sur la tête des Dorzé n'est symbolique qu'en tant qu'il s'oppose au beurre normalement consommé.

17. C. Lévi Strauss, *La pensée sauvage*, Presses Pocket, 1992.

C'est peut-être là, **la différence entre signe et symbole.** Les objets ont dans le quotidien un sens commun admis qui serait le signe. Ces objets deviennent symboliques quand ils sont choisis pour représenter l'implicite ou l'inconscient.

À l'usage, ils deviennent, par le biais de l'inconscient collectif, des symboles communs à un groupe.

En Afrique Noire, l'objet, on l'a vu plus avant, est, en matière de soins, un levier thérapeutique pour traiter un problème donné. C'est le groupe, par le biais d'un représentant désigné, qui va être porteur.

En ce qui nous concerne, l'objet sert dans un premier temps à **visualiser** une situation, un problème ou un ressenti. Il peut ensuite être employé pour des actes symboliques. Cette méthode ne s'adresse pas seulement aux enfants.

Prenons l'exemple d'un adulte qui souffre d'une angoisse d'abandon. La personne visualise avec des objets la situation relationnelle présente. À partir de là, elle est guidée à faire le lien avec des situations passées qui font écho à son angoisse d'aujourd'hui.

Les objets choisis sont **porteurs de sens** et contribuent à la **mise en mots**.

Dans l'exemple cité, l'adulte entend la souffrance du bébé de deux mois qui a été abandonné.

Il lui est alors proposé un **acte symbolique** : représenter par un objet significatif (que la personne achète ou fabrique), ce bébé de deux mois. Il lui sera demandé d'en prendre soin : donner du temps, de l'attention à l'objet, devenu symbolique.

Dans ce cas précis, nous pensons que cet objet sert **d'étayage** pour s'occuper de « la part abandonnique de Soi »[18].

Levier thérapeutique ou acte symbolique, comment ces deux techniques de soin se différencient, se rejoignent et s'articulent ?

Dans les sociétés occidentales, la psychanalyse peut être perçue comme un mythe qui exerce une grande influence en matière de soin : on guérit parce que l'on croit à l'idéologie qui porte nos croyances.

Les valeurs éducatives actuelles s'appuient sur le **concept d'individualité et d'autonomie** du sujet. En conséquence, il va de soi d'assumer la responsabilité de sa trajectoire de vie et de devenir acteur de son histoire.

On accorde aussi beaucoup d'importance à l'émotion, exprimée ou refoulée.

18. M. Monjauze, *La part alcoolique du Soi*, Dunod, 1999. Dans cet ouvrage l'auteur parle de la « capacité du patient à gérer lui-même la part alcoolique de sa personnalité ».

Dans notre société, le christianisme est l'une des bases essentielles de la culture.

Au sein de la religion chrétienne, les rites d'initiation sont mis au regard du groupe (baptême, communion, mariage), et les symboles qui s'y rattachent (la croix, l'hostie) sont communément admis.

L'animisme, quant à lui, comporte des rituels, des initiations plus secrètes.

L'interprétation du symbole fait donc l'objet d'un savoir tantôt facilement accessible, tantôt réservé à des experts ou à des initiés.

Le psychisme (conscient-insconscient), cet « être invisible », est depuis longtemps en occident, un objet d'étude et de travail.

Dans d'autres cultures, ce mode de pensée n'est pas valorisé, le concept même de psychisme reste abstrait.

Les actes symboliques que nous proposons aux enfants s'adressent selon le mythe de la famille, soit à l'inconscient, soit à l'esprit désigné pour traiter le mal. Ceci reste l'affaire de chacun.

Dans notre approche, la priorité n'est pas donnée « au comprendre », mais au « faire et à l'entendre ».

Ces techniques ont pour caractéristiques de situer l'Homme dans un contexte (environnemental, culturel, familial, social).

Notre pratique inclut le fait d'être impliquées dans la relation thérapeutique et d'avancer des hypothèses que l'enfant peut, ou non, valider.

En effet, nous croyons que tout ce qui relève de pensées minoritaires nécessite d'être reconnu « comme vrai pour la personne ou pour le groupe considéré ».

Seulement à ces conditions, la pensée peut se dérouler librement, sans craindre le jugement d'autrui, la dévalorisation ou la stigmatisation.

Cette liberté et la reconnaissance de la différence qui en découle, tout en consolidant l'identité, nous semblent être la meilleure garantie de souplesse et de prise en compte de l'altérité.

Les techniques et méthodes utilisées

La méthode ESPERE® (communication relationnelle)

Cette méthode prend racine dans le courant humaniste des années 60. Elle s'appuie sur des concepts tels que : l'écoute active, le travail sur l'émotion, sur les représentations.

Elle trouve ses ancrages théoriques dans les travaux de Carl Rogers, dans l'approche systémique (l'école de Palo Alto), la Gestalt, la psychanalyse de groupe (Didier Anzieu, René Kaes), la psychosociologie (Gilles Pagès).

La méthode ESPERE®, élaborée par le psychosociologue Jacques Salomé, s'articule autour de concepts de base, d'outils de communication et de règles concernant la relation.

Il s'agit bien d'une méthode (et non d'une théorie) : elle peut s'apprendre, se transmettre. Elle permet de travailler sur le présent, dans le champ de la relation humaine. Elle ne vise pas à donner des conseils ou des recettes, mais à **susciter des prises de conscience et des positionnements clairs.**

La qualité de la communication est profondément altérée, au sein des familles que nous accueillons.

Dans le groupe, nous invitons l'enfant à témoigner de la manière suivante :

- raconter les faits ;
- exprimer ce qu'il ressent par rapport à l'événement qu'il décrit ;
- chercher le retentissement éventuel (est-ce que cette situation m'en rappelle une autre, ai-je déjà ressenti ce que je ressens aujourd'hui ?) ;
- dire enfin ce qui s'inscrit en lui, en terme de croyances, idées et manières « d'être au monde ».

Nous guidons l'enfant pour lui permettre de faire la différence entre :

- le sentiment et la relation ;
- les désirs et les besoins ;
- la personne et son comportement (par exemple l'alcool et la personne qui boit). Ceci permet d'accepter le fait que l'on peut aimer quelqu'un qui a par ailleurs un comportement que nous n'acceptons pas. Il s'agit d'aider l'enfant à sortir de la confusion autour de ses ressentis multiples et contradictoires.

Cette écoute active invite les interlocuteurs à **se centrer sur le sujet** qui s'exprime et pas seulement sur ce qu'il dit. De façon pratique, cette distinction se traduit, pour Jacques Salomé, à travers, entre autres, *deux règles de communication :*

- dans une relation de non-dépendance, chacun est responsable de « son bout » de la relation et se comporte en cohérence avec cette responsabilité ;
- nous sommes coauteurs de nos relations.

Ces règles, appliquées de façon concrète, vont permettre aux enfants de percevoir qu'ils peuvent « faire quelque chose pour eux », dire non à certains moments ou se donner les moyens d'un peu de mise à distance.

Les outils

- *Le bâton de parole* : il s'inspire de rituels africains et amérindiens. Il sert à distribuer la parole : celui qui le prend a quelque chose à dire et demande écoute et attention. Le bâton de parole n'autorise pas à parler sur l'autre, mais seulement de soi (témoignage d'un fait, d'un ressenti, d'une idée). La personne qui le prend ensuite ne peut pas parler sur celui qui vient de s'exprimer, mais seulement dire son propre ressenti ou point de vue.
- *L'écharpe relationnelle* : elle permet de montrer, à l'aide d'une écharpe, qu'une relation est comme un canal dans le lequel chacun, « à son bout », a la responsabilité de ce qu'il y dépose.
- *La visualisation externe* : c'est le fait de représenter matériellement et de montrer par un objet (choisi de façon spontanée) ce dont nous voulons parler.

  Dans le groupe, nous avons comme support des objets qui ne sont ni des jouets, ni des gris-gris.

  Par exemple, « le grand masque vert plein de pustules » a été utilisé de multiples fois pour représenter l'alcool. Aujourd'hui, lorsque l'un des enfants prend cet objet pour représenter « autre chose », les autres réagissent en disant : « mais c'est l'alcool !... ». Peu d'entre eux continuent de voir le masque... comme un masque... !
- *La symbolisation* : le langage symbolique est un langage universel qui parle directement au conscient et à l'inconscient des personnes. Elle est un langage passerelle entre la réalité (le monde extérieur) et le réel (le monde intime, personnel).

  La symbolisation est donc l'ensemble des actes symboliques que nous pouvons imaginer, créer, déposer dans les relations qui sont pour nous les plus significatives. Il est possible de symboliser un sentiment, un désir, un besoin, un état émotionnel.

- *La confirmation* : Elle sert à dire à l'autre ce que l'on a entendu de ses idées, de son ressenti, de ses désirs, sans pour autant les partager ou les approuver. Tout cela est reconnu simplement comme appartenant de fait à celui qui s'exprime et non à l'ensemble du groupe. Chacun apprend alors à respecter autrui dans ce qu'il est, tout en se différenciant.

Une approche qui a des impacts thérapeutiques

Cet effet soignant provient du travail de clarification, de positionnement personnel, de découverte de ses propres ressentis et d'une possibilité « de faire quelque chose pour soi ».

Peu à peu, chaque enfant apprend à :

- se positionner sans violence ni rejet de l'autre ;
- s'autoriser « à faire pour lui » ;
- percevoir la différence entre ce qui lui appartient et ce qui « vient des autres ».

La co-intervention (intervenir à deux) dans la non-directivité permet à chaque enfant d'apprendre des autres membres du groupe.

En effet, aucun thème « de travail » n'est défini au préalable. Nous pensons que ce sont les enfants qui savent le mieux ce dont ils ont besoin et chacun garde l'initiative de son propre témoignage et de la représentation de sa difficulté. Nous restons dans l'empathie, l'acceptation et le non-jugement.

Nous le rappelons, travailler ainsi nécessite d'être dans une profonde congruence et d'accepter de s'investir dans la relation thérapeutique. Nous limitons les interprétations, pratiquons la reformulation, pour que chaque enfant puisse « s'entendre » à travers notre propre écoute. Il reste libre de confirmer, d'infirmer ou de préciser ses propos.

L'approche transgénérationnelle (le génosociogramme)

Nous utilisons aussi, avec les enfants, le génosociogramme. Cet outil permet à la fois de visualiser les membres qui composent la famille et de percevoir (en les regardant) les mythes à l'œuvre au travers de l'histoire spécifique d'un groupe familial.

Introduit dans les années 80, l'objectif du génosociogramme est de travailler sur ce qui se raconte de génération en génération dans une même famille. Il donne une représentation graphique des informations recueillies. Il pointe aussi les zones d'ombre, les répétitions.

Cet outil est utilisé notamment par les systémiciens. L'approche systémique nous paraît pertinente dans le travail en direction des familles à transaction alcoolique. Dans les années 1960-1970, Françoise Dolto, Nicolas Abraham et ensuite Ivan Boszormenyi-Nagy, se sont posé le problème complexe de la transmission générationnelle des conflits non résolus, des secrets, des non-dits. Anne Ancelin Schutzenberger[19] a approfondi ces recherches et parle de thérapie « transgénérationnelle ».

Un génosociogramme est donc un arbre généalogique commenté sur plusieurs générations. Il fait état des évènements importants de l'histoire de vie de la famille et des liens affectifs entre les personnes.

Dans nos groupes, nous utilisons le génosociogramme en suscitant d'abord l'émergence d'une *question* qui tient à cœur à l'enfant.

Une des questions traitées est la suivante : « y a-t-il dans les générations précédentes des personnes qui ont été alcooliques comme mon père ou ma mère aujourd'hui ? »

Chaque enfant travaille sur un support papier de grand format. Il y dessine les membres de sa famille avec des codes spécifiques[20], agrémentés parfois d'une créativité plus personnelle (dessins de visages).

Il note les informations qu'il possède et est invité à interroger sa famille sur celles qui restent méconnues (nous prévenons les parents, afin qu'ils réservent un bon accueil aux questions de leurs enfants).

Pour compléter ce travail de représentation, nous leur demandons d'amener des photos qui peuvent illustrer le génosociogramme.

Par exemple ***Bintou, 15 ans,*** *nous montre une photo d'elle, enfant, dans les bras de son père au milieu du salon. Une porte est entrouverte sur une autre pièce. Immédiatement les enfants du groupe repèrent une* ***canette de bière*** *posée par terre, à peine visible et placent ce détail au centre de leurs commentaires.*

Nous constatons une fois encore à quel point l'alcool prend une place prépondérante au sein des relations familiales.

En fabriquant son génosociogramme, l'enfant peut se situer au sein du système familial et observer tant les relations (mariages, séparations) que les comportements (alcool, maladies, suicides).

Nous l'aidons à regarder la récurrence de certains événements, potentialités ou problèmes dans un objectif de mise à distance.

Sur un arbre généalogique, les enfants sont représentés au bas de la feuille et les générations précédentes sont schématisées au fur et à mesure, « au dessus » d'eux.

Nous pensons que le travail de prévention, d'accès à la connaissance des événements familiaux, permet à l'enfant « d'inverser virtuellement » son

19. *Aïe mes aïeux*, Desclée De Brouwer, 1998.

20. Un rond pour les filles, un carré pour les garçons et un trait pour relier les personnes, etc.

arbre généalogique et de se retrouver « à la tête » de ses ancêtres qui deviennent alors de véritables racines dans son histoire de vie, le laissant libre de ses propres choix.

L'écriture individuelle ou collective

Des moments d'écriture individuels et collectifs viennent ponctuer les temps thérapeutiques en introduisant de la distance avec les événements.

Cette mise en mots est rendue possible par l'étayage du groupe dont la problématique est commune (être l'enfant d'un parent alcoolique).

- *L'écriture individuelle* : nous proposons aux enfants d'exprimer par écrit certains événements traumatisants qu'ils ont eus à vivre, afin de mettre à l'extérieur les images et les ressentis qui encombrent leur mémoire et bloquent leur énergie.
  S'ils le souhaitent, une lecture restitue ce témoignage au groupe.
- *L'écriture collective* : face à la difficulté à faire la différence entre le réel et l'imaginaire, nous avons suggéré l'écriture d'un scénario collectif transformé en conte intitulé « Le pays de nos peurs ».
  Cet exercice a permis de traiter, avec humour et sous forme ludique, la dimension dramatique et catastrophique qui s'exprime quand les enfants « déroulent » leurs peurs.

Les groupes que nous proposons se veulent être un espace propice à l'expression de ce que l'enfant vit au quotidien au contact de l'alcoolodépendance.

Nous avons observé combien les ***angoisses liées à la maladie et à la mort*** *prennent pour eux le pas sur la vie, à un âge où l'avenir est prometteur.*

En élaborant son histoire, l'enfant parvient peu à peu à prendre ***de la distance avec le comportement de l'adulte qui le fait souffrir.*** *Il tente de* ***laisser de côté tous les messages paradoxaux*** *qui lui sont adressés. La* ***violence*** *qu'il reçoit trouve un lieu pour se dire, l'aidant ainsi à* ***sortir du tabou de l'alcool*** *au sein de la famille.*

Le ***langage du corps se fait moins ravageur*** *en même temps que l'enfant parvient à* ***ne plus chercher systématiquement, à la sortie de l'école… les cachettes où se trouvent les bouteilles.***

Progressivement, l'enfant apprend à se recentrer sur lui grâce à l'étayage du groupe. ***Il reprend sa place d'enfant.***

Ainsi, pourra-t-il peut-être, au moment opportun de sa vie, assumer sa trajectoire, ***sans être agi,*** *à l'image du grand nombre d'ex-enfants de parents alcooliques devenus adultes que nous rencontrons,* ***par une souffrance passée, tue, intériorisée, enkystée.***

Actuellement, nous pensons pertinent de proposer, à ces adultes « oubliés », un lieu pour se construire autrement que dans le contrôle, la peur du bonheur toujours associée au malheur qui s'en suit inévitablement…

Deuxième partie

Le travail clinique

Quand l'enfant peut bénéficier d'un espace propice à l'expression de ce qu'il vit au quotidien au contact de l'alcoolodépendance, il peut enfin rejoindre le monde qui est le sien. De fait, il se met à distance de ce que vivent les adultes autour de lui.

Lorsque cela n'est pas possible, l'ex-enfant va garder en lui la trace mnésique de ses blessures, sous forme de souvenirs indicibles.

Comment alors accompagner ces adultes, ex-enfants de parents alcoolo dépendants, pour qu'ils retrouvent une plus grande liberté d'être ?

L'accueil

Depuis avril 2001, les ateliers fonctionnent au rythme de deux fois par mois, à l'hôpital Beaujon (Clichy – 92).

Les enfants sont accompagnés par l'un ou l'autre de leurs parents (ou les deux ensemble). Ces derniers ne participent pas aux séances.

Certains adolescents viennent seuls. Ils vivent parfois avec deux parents alcoolo dépendants qui ne sont pas en mesure de les accompagner, étant donné l'ampleur de leur dépendance. D'autres peuvent être suivis par une structure éducative et orientés par un travailleur social.

Le groupe n'est pas fermé ; il peut accueillir des enfants tout au long de l'année.

L'expérience nous fait proposer un **cadre souple** du fait du chaos dans lequel ces enfants évoluent. Leur présence peut fluctuer en fonction de l'état de leurs parents, des signalements judiciaires fréquents, ou des placements.

Les règles à l'œuvre dans le groupe sont :

- la confidentialité des propos tenus pendant les séances : l'enfant peut parler à l'extérieur de ce qu'il entend dans le groupe, mais n'est pas autorisé à parler nominativement de l'histoire des autres ;
- celui qui prend la parole parle de lui et non « sur les autres » (un autre membre du groupe) ; il ne donne pas de conseils ;
- il est possible de ne pas prendre la parole lors d'une séance. Parler n'est pas chose aisée et n'a donc pas de caractère obligatoire ;
- nous nous engageons également à ne pas partager le contenu des séances avec les parents. Nous sommes garantes de la non-violence dans le groupe et du respect des règles de communication.

L'accueil des parents

Lorsque nous recevons un enfant pour la première fois, un temps est pris systématiquement avant l'atelier pour expliquer à ses parents notre démarche : **nous travaillons dans le sens du maintien des liens parents-enfants, tout en prenant en compte la souffrance spécifique de l'enfant confronté au problème de l'alcool de son parent.**

La présentation aux nouveaux parents se déroule de manière collective, sur un temps assez court. Les enfants enrichissent nos propos par le témoignage de ce qu'ils vivent en atelier.

Il s'agit de faire en sorte que le parent ne se sente pas culpabilisé, rejeté ou défaillant, mais qu'il puisse entendre que son problème a une conséquence inévitable sur son enfant.

Nous présentons nos fonctions respectives ainsi que les méthodes utilisées.

À cette occasion, les règles de fonctionnement du groupe sont énoncées aux parents.

Au fil des séances, ces derniers restent acteurs à travers un dialogue informel que nous maintenons avec eux, tout en gardant confidentiel le contenu détaillé de la séance.

Nous avons pu observer que des éléments de l'histoire familiale nous sont livrés spontanément devant l'enfant par les parents qui accompagnent.

Nous avons été confrontées à des moments de tensions avec certains parents, autour d'une ivresse exhibée ou d'une demande personnelle de prise en charge.

Des révélations nous sont faites « sur le pas de la porte »... Tout ceci constitue un matériel que nous proposons toujours aux enfants de « travailler » pendant l'atelier.

Certains parents témoignent avoir été eux-mêmes enfants de parents alcoolo dépendants et n'avoir jamais pu exprimer cette souffrance qu'ils portent toujours en eux.

L'accueil des enfants, la première rencontre

« Nous portons les cicatrices de nos blessures. À nous de les honorer car elles disent aussi que nous avons survécu et que peut-être cela nous a rendus plus forts ou plus lucides. »[21]

Nous remarquons que ces enfants sont très inhibés lorsqu'ils viennent pour la première fois. Nous savons que beaucoup ont reçu l'injonction de se taire afin que le secret de l'alcool soit protégé. Le fait d'être soudainement autorisé à parler ne lève pas d'emblée cet interdit.

La méthode utilisée, autour des objets symboliques, aide l'enfant en ce sens. Les enfants déjà présents témoignent volontiers de l'utilité de ce groupe pour eux, ce qui favorise une mise en confiance rapide des « nouveaux ».

Très peu d'enfants sont informés par leur famille de la nature du lieu où ils sont conduits ; ainsi, on relève des témoignages tels que : *« mon père m'a dit qu'il m'emmenait dans un endroit pour me faire plaisir », « j'ai appris dans la voiture, qu'on allait à l'hôpital »...*

21. J. Salomé, *Pour ne plus vivre sur la planète Taire*, Albin Michel, 2004.

L'enfant, apprend à utiliser les outils de la méthode E S P E R E® en voyant les autres travailler de cette manière.

À de rares exceptions, il accède rapidement à la **mise en mots** d'un certain nombre de ressentis personnels. Les objets sont alors, vraiment, des « prétextes » avant les mots.

Ainsi, plusieurs d'entre eux ont pu, dès la première fois, représenter des sentiments tels que : la honte, le secret, la haine, la mort, la peur (de la maladie, de la mort), la tristesse.

Déroulement des ateliers : de la pratique à l'analyse

Les expériences vécues au cours des séances nous ont permis de dégager les *objectifs de travail* suivants, en corrélation avec les problématiques observées :

Problématiques	Objectifs de travail
Angoisse de maladie et de mort Les peurs, le chaos, le registre de l'imaginaire	Travailler sur l'illusion de la toute-puissance infantile, le fantasme d'immortalité, le sentiment de culpabilité. Écrire collectivement un "scénario catastrophe".
Fusion - Confusion - Co dépendance	Pouvoir se différencier.
Discours et attitudes paradoxaux	Apprendre à les repérer, à les nommer, à s'en distancier.
Contrôle et surveillance	Lâcher prise.
Violences reçues	Élaborer sa pensée.
Déni - Dénégation	Mettre en mots le problème.
Somatisations	Passer du non-verbal au verbal.
Troubles de la cognition Défaut de représentation	Prendre de l'assurance grâce à l'étayage du groupe.
Attitude de parentification	Retrouver sa place d'enfant. Laisser à l'adulte ses responsabilités de parent.
Répétitions transgénérationnelles	Construire son arbre généalogique pour accepter son "affiliation".
Entre-deux culturel	Reconnaître les mythes fondateurs de l'identité. Établir une passerelle entre les cultures pour donner du sens aux soins.

Angoisse de maladie et de mort

Les peurs, le chaos, le registre de l'imaginaire

Objectifs de travail

- **travailler sur l'illusion de la toute puissance infantile, le fantasme d'immortalité, le sentiment de culpabilité ;**
- **écrire collectivement un « scénario catastrophe ».**

Pratiques et paroles

Un parent témoigne *: « merci de vos efforts pour protéger mes enfants de ce que vous n'aimez pas appeler une maladie. »*

Quand nous proposons à **Rachel treize ans** de visualiser comment elle voit sa mère lorsqu'elle est en état d'ivresse, elle prend l'objet qui représente « la mort ».

Parallèlement, concernant l'angoisse de la maladie, nous observons que **Rachel** déplace cette angoisse sur le Sida, synonyme de relations sexuelles de sa mère, qu'elle suppose non protégées.

Au fil des séances, à l'aide des objets choisis, nous entendons combien ces enfants ont peur d'attraper la « maladie » alcoolique de leur parent.

Élodie, sept ans, nous dit que sa mère a recommencé à boire et « qu'elle est de nouveau dans le malheur. » Elle dit sa peur que sa mère ne meure, peur qu'elle porte en elle tout le temps. Nous l'invitons à « voir » les désirs qui sont cachés derrière sa peur :

- *« je désire que ma mère arrête de boire » ;*
- *« je désire que ma mère reste en vie ».*

Nous lui proposons de symboliser sa peur pour la « sortir d'elle », ainsi que de symboliser ses désirs pour en prendre soin, pour ne pas oublier que c'est bien elle qui les porte.

Élodie nous parle une autre fois de sa difficulté à s'endormir le soir (pas avant 23 heures). Elle dit avoir peur du noir, du Loup-garou et des Dinosaures. Sur le plan symbolique[22], le loup est synonyme de sauvagerie. La croyance aux loups-garous est attestée depuis l'Antiquité en Europe (…). Ce symbolisme de dévorateur est celui de la gueule, image initiatique et archétypale, liée au phénomène de l'alternance jour-nuit, mort-vie : la gueule dévore et rejette, elle est initiatrice, prenant, selon la faune de l'endroit, l'apparence de l'animal le plus vorace : ici le loup, là le jaguar, etc.

Avec elle, nous « déroulons » cette peur : elle décrit comment le Loup-garou entre dans sa chambre par un carreau cassé de sa fenêtre *(« ça fait du bruit »)*, il s'approche de son lit et la regarde.

Lorsque nous lui demandons si quelqu'un d'autre fait du bruit la nuit, elle parle immédiatement des cris de son père, lorsqu'il se dispute avec sa femme. La chambre d'Élodie est à côté de celle de ses parents… Elle ne sait pas si son père vient ensuite vérifier si elle dort…

Dès la séance suivante, quinze jours après, elle nous dira *« je ne sais pas pourquoi, mais je dors mieux »…*

22. J. Chevalier et A. Gheerbrant, *Dictionnaire des symboles*, Robert Laffont, 1982.

Nous faisons l'hypothèse qu'elle a pu dédramatiser sa peur en la mettant « en dehors d'elle ».

Paul, dix ans, nous dit, dès notre première rencontre, combien il est envahi par la peur que son père ne meure *(« pas de l'alcool, mais d'un accident, d'une chute, etc. »).* En même temps, il porte en lui le désir que cela arrive pour que sa propre souffrance s'en aille. Il souhaite parfois aussi changer de père…

Myriem, douze ans, témoigne de son dégoût à boire au goulot d'une bouteille d'eau ou de coca après son père. *« J'ai peur d'attraper* ***sa*** *maladie alcoolique »…*

Nous pouvons entendre également, qu'en dehors du dégoût dont il est question, il peut être fait un lien entre les « croyances » du père de culture africaine (il boit parce que sa femme l'a ensorcelé) et la peur de Myriem « d'attraper » de manière irrationnelle « la maladie alcoolique », comme par identification à ce qui fait sens pour son père.

Audrey, sept ans, veut nous convaincre que l'on peut attraper « la maladie de l'alcool » comme on attrape la grippe. Deux enfants du groupe confirment que c'est possible.

Une autre enfant, adolescente, face à tous ces témoignages, pense quant à elle, *« que c'est une maladie de la tête ».*

Éclairage

Le concept de maladie : quelle pertinence pour les enfants ?

Il n'y a pas un, mais des discours sur l'alcool.

De même, il n'y a pas une seule ivresse, mais différentes manières de boire : l'ivresse modérée appelle au rire, alors que l'excès d'alcool induit l'alcoolisme. Mais qu'est-ce que l'alcoolisme au juste ?

C'est un terme qui a été créé par Magnus Huss en Suède au milieu du XIXème siècle (1848).

L'alcoolisme a été d'abord décrit en terme de « vice », puis la dénomination a glissé progressivement vers un autre terme, devenu concept, celui de « maladie alcoolique », initié par un médecin américain Jellinek, en 1939.

En 1966, le professeur Fouquet a introduit l'alcoologie comme une nouvelle discipline.

Depuis, et face à l'importance de ce qui a été reconnu comme un problème de santé publique, le diagnostic se décline en terme médical.

En effet, une des hypothèses étiologiques va dans le sens d'une transmission polygénétique, influencée par les conditions environnementales et agissant dans les processus d'alcoolo dépendance[23].

23. D. Barrucand, *Revue Alcoologie*, Riom Laboratoires, Cerm, 1988.

En même temps, certains auteurs dont Robert Neuberger[24] font l'hypothèse qu'il n'y a pas de destin biologique. Le facteur génétique serait une variable dans les grilles d'analyses actuelles qui répondrait à un excès antérieur d'interprétations psychanalytiques.

R. Neuberger suppose que « le recours à la génétique sert à nous déculpabiliser et à déresponsabiliser la famille ». Tout ce qui est érigé en Vérité serait *« du mythe, c'est-à-dire des croyances devenues indiscutables ».*

Qu'en est-il actuellement de la pertinence de ce concept de maladie alcoolique en direction des enfants ?

Selon J. Maisondieu, psychiatre, « *l'alcoolisme n'est pas une maladie mais une passion morbide* »[25]. Concernant les enfants, il parle de comorbidité.

Les enfants, par ce qu'ils ont montré et exprimé, encouragent nos interrogations à ce sujet. En effet, la représentation qu'ils ont de la problématique alcoolique se décline entre guérison médicamenteuse et mort.

Michel Legrand[26], auteur et lui-même ancien alcoolique, remet en question l'irréversibilité du problème et avance l'idée de « psychologie dramatique » pour qualifier le processus dans lequel évolue le sujet alcoolique.

En ce qui nous concerne, nous n'utilisons donc pas avec les enfants le terme de « maladie », considérant qu'il peut, comme l'indique le titre de cet ouvrage, ***leur faire de l'ombre***, en les empêchant d'accéder à la cicatrisation de leurs propres blessures.

Tous les enfants ont parlé de leur peur que leur parent alcoolique ne meure. Ils ont intériorisé l'alcoolodépendance comme une maladie grave avec une évolution imprévisible qui les laisse dans l'angoisse permanente de retrouver, à leur retour de l'école, leur parent « écroulé mort par terre ».

Face à cette situation qui plonge l'enfant dans la sidération, il espère porter en lui le pouvoir sacré « de guérir son parent malade ». Figé dans le traumatisme qu'il vit de manière latente et récurrente, l'enfant élabore des **scénarios dramatiques**.

Lors d'une séance, nous avons proposé l'écriture d'un scénario qui raconte les peurs que chacun porte en lui, liées au fait que l'un de leur parent boit. Ce texte, intitulé *« le pays de nos peurs »,* figure à la suite de l'introduction de ce livre.

Tout en étant surpris et valorisés par leur production collective, le groupe a pu regarder ensuite, à travers les mots posés, l'aspect irrationnel de ces pensées tragiques.

24. Thérapeute familial, il s'inspire des travaux d'Arnold Munich, *La rage d'espérer*, Plon, 1999.

25. *Les alcooléens*, Bayard, 1992.

26. *Le sujet alcoolique*, Desclée De Brouwer, 1997.

Fusion – confusion – codépendance

Objectif de travail

- pouvoir se différencier : ***« Ma mère et moi c'est pareil. »***

Pratiques et paroles

Nous proposons toujours à l'enfant de visualiser la situation dont il parle : nous l'invitons à choisir deux objets pour représenter les personnes (la plupart du temps il s'agit de lui et de son parent alcoolique) et une écharpe pour symboliser la relation entre eux.

Spontanément, la première fois, il colle les deux objets représentant les personnes. Il est très surpris de constater, lorsque nous l'invitons à placer l'écharpe relationnelle entre les objets, que cet espace est nécessaire dans une relation, pour pouvoir être différencié de l'autre.

Cette visualisation nous permet de travailler l'idée d'une séparation symbolique en aidant l'enfant à penser que la prise de distance est possible. Les enfants témoignent, en premier lieu, de leur désir de protéger leur parent « malade », de le soigner, désir qui va à l'encontre de l'autorisation à exprimer leur propre ressenti. Les enfants montrent un positionnement de « sauveur » qui les plonge sans cesse dans un sentiment d'impuissance « puisque ça ne marche pas ».

Les exemples ci-dessous illustrent l'absence de différenciation de beaucoup d'entre eux :

La maman de Coralie, dix ans, vit une période d'abstinence depuis peu. Pendant la séance, **Coralie** visualise sa relation présente avec sa mère, puis pose *au milieu* de l'écharpe « un gros poisson coloré » pour montrer son bonheur face à l'abstinence de sa mère.

Lorsque nous l'invitons à penser que son ressenti lui appartient, elle dit ***« ma mère et moi, c'est pareil »…*** Nous montrons qu'il s'agit de deux personnes différentes et que seule sa mère pourrait nous dire quel est son propre ressenti actuellement. Nous soulignons qu'il peut être différent du sien, ce que **Coralie** a du mal à imaginer.

Amandine, quatorze ans, a beaucoup de mal à accéder à ses ressentis. Lorsqu'elle prend la parole, c'est pour raconter avec une infinité de détails, des moments de la vie quotidienne. Nous la stoppons gentiment et lui proposons de nous montrer ce dont elle veut nous parler. Elle n'y parvient pas.

Nous l'aidons à faire la liste d'un certain nombre de ressentis « possibles ». Les autres enfants participent à ce travail. **Amandine** choisit : tristesse *(que « ça » n'ait pas marché),* déception, colère, angoisse, haine, espérance.

Elle parvient à visualiser :

- Elle choisit la tortue pour se représenter, le perroquet pour représenter son père. La relation est symbolisée par une écharpe noire. Lorsque nous l'invitons à choisir un objet pour représenter chacun de ses ressentis, elle n'y parvient pas vraiment. En effet, elle choisit un objet en bois, constitué de plusieurs bouts rattachés par un fil qui représente pour elle, la tristesse, la déception, la colère, l'angoisse, la haine.
- Elle prend un objet à part (une des petites poupées colorées), pour symboliser « l'espoir ». Elle hésite à poser la poupée près du perroquet ou près de la tortue. Nous la guidons en lui demandant par deux fois « qui ressent de l'espoir ? ». Elle finit par poser la poupée près de la tortue qui la représente. Nous percevons à quel point elle voudrait que son père, lui aussi, soit plein d'espoir grâce au traitement qu'il entreprend.

Amandine nous montre combien ses ressentis sont « mêlés », « embrouillés ». Nous lui faisons part de ce que nous voyons et l'aidons à faire la différence entre ses sentiments pour son père (amour et haine qui coexistent en elle depuis très longtemps) et ses ressentis face à la situation présente.

Un enfant du groupe, après ce travail, propose : *« la Tortue, ça me fait penser à TORD TUE OU TORTURE.* **Amandine** réalise, en entendant cette métaphore, l'ampleur de ce qu'elle croit être sa responsabilité (sauver son père) et combien cela lui fait violence au quotidien.

Baya, quatorze ans, nous dit qu'elle est très en colère. Elle nous demande : *« est-ce que je peux dire à ma mère que je sais qu'elle a bu, quand je m'en rends compte ? J'ai peur de lui faire de la peine. Elle a déjà eu beaucoup de malheur dans sa vie : frappée par son père quand elle était enfant, abusée sexuellement par son oncle, battue par son mari... ».*

Nous travaillons avec **Baya** sur « ce qui peut se passer si elle dit à sa mère qu'elle sait ». Nous mettons des mots sur sa peur et l'aidons à entendre son désir de sortir du silence (du mensonge), au moins avec sa mère.

Ce moment de travail est extrêmement important car la technique de la visualisation permet à **Baya** de se « positionner à son bout de la relation ». Nous l'aidons à se poser la question : *« qu'est-ce qui est important aujourd'hui pour moi* ? **Baya** prend peu à peu conscience du pouvoir immense qu'elle s'octroie, quand elle imagine qu'elle peut sauver sa mère, la protéger de son passé.

Cet exercice est douloureux pour elle, mais il va lui permettre, très peu de temps après, de se positionner face à sa mère et de dialoguer avec elle.

À l'occasion de ce travail, chaque enfant dans le groupe prend conscience qu'il a la possibilité « d'apprendre à dire ce qu'il a à dire », d'une manière différente : parler pour soi et non contre l'autre ; employer le « Je » ; ne pas confondre la personne et son comportement ; laisser à l'autre la responsabilité de ses actes.

Vincent, six ans, témoigne auprès du groupe avoir vu son grand-père, alcoolisé, tenter de sauter par la fenêtre. Lorsque nous lui proposons de prendre un objet pour représenter cet acte, il le pose près de l'objet qui le représente, lui. Grâce à ce qu'il montre là, nous lui demandons s'il pense qu'il peut se mettre dans une telle situation. **Vincent** affirme que oui.

La visualisation permet là encore de **verbaliser un ressenti** que **Vincent** n'aurait peut-être pas pu exprimer avec des mots aussi rapidement.

Nous observons régulièrement une **grande confusion,** dans les visualisations, entre l'objet qui représente l'enfant et celui qui représente son parent, qu'il soit ou non celui qui boit.

Sonia, quinze ans, nous dit dans un moment où sa mère est abstinente : *« je vais mieux parce que ma mère va mieux ».*

Nous notons également, du côté des enfants, la peur d'être séparés de leurs parents, qui se traduit en termes confus *: « si mon père quitte ma mère qui boit, il nous prendra avec lui et je ne verrai plus jamais ma mère ». « Mon père ne doit pas connaître le problème de ma mère, car sinon, il va vouloir me reprendre (parents séparés)».*

L'utilisation des objets nous permet de montrer aux enfants la différence entre une relation conjugale et une relation parentale.

Paul, avec qui nous abordons cela, symbolise la relation parentale par une écharpe roulée en boule entre ses parents pour montrer que selon lui, il n'y a plus de relation parentale entre eux.

Tout au long des séances, nous précisons aux enfants la différence entre les sentiments (amour, haine, colère, tristesse) et la relation entre deux personnes : **c'est possible d'avoir des sentiments d'amour pour quelqu'un *et* de vivre avec lui une relation qui n'est pas bonne pour soi.** La question est de s'attarder sur ce qui est bon pour soi, de ne pas prendre en charge ce qui vient de l'autre, l'absorber comme une éponge.

À cet effet, à différentes reprises, nous invitons les enfants, par le biais des objets choisis, à regarder en eux « ce que leur fait ce qui vient de l'autre, comment ça les blesse ». Concrètement, nous tournons l'objet qui représente l'enfant vers le ou les objets qu'il a choisis pour représenter ses blessures.

En acceptant l'idée que les personnes alcoolodépendantes créent des relations indifférenciées et fusionnelles, on peut supposer que leur entourage va être absorbé par les effets de cette problématique.

Nous avons eu besoin de réfléchir aux concepts de dépendance et de codépendance : dans notre cadre de travail, nous les relierons à la spécificité de la consommation excessive d'alcool.

La personnalité de l'alcoolodépendant reste sujette à controverses

Il a été remarqué[27] une certaine homogénéité psychologique chez les personnes reconnues alcooliques, à travers l'émotivité, l'hypersensibilité, l'immaturité affective, le manque de confiance en soi, les manifestations dépressives, l'intolérance aux frustrations, les dépendances multiples.

Mais la question reste posée de savoir si ces traits de personnalité étaient préexistants à l'alcoolisation ou s'ils ont pu être mesurés suite aux effets de celle-ci.

La psychologie comportementale avance l'hypothèse que la prise excessive d'alcool serait une réponse pathologique (satisfaisante sur le plan des résultats) à des situations de tension, de stress, d'anxiété ou de conflit.

Freud[28] compare l'ivresse à la manie qui serait une défense destinée à lutter contre la dépression. Il parle de l'alcoolisme comme d'une habitude morbide, une compulsion motrice substitut de la masturbation.

L'alcool et les autres drogues seraient des **produits de remplacement de la satisfaction auto-érotique.**

L'oralité expliquerait l'immaturité affective, l'intolérance aux frustrations, la difficulté de soutenir l'altérité sans l'aide de l'alcool comme objet intermédiaire.

Michèle Monjauze[29] souligne les **confusions** à l'œuvre dans la personnalité alcoolique : elle évoque une image du corps « morcelée, sans structuration d'ensemble et sans organisation signifiante.» **On pourrait donc imaginer une enveloppe psychique en pointillé qui efface les frontières et exacerbe la sensibilité de la personne alcoolique**.

Celle-ci a du mal à se situer dans sa filiation, au sein des générations.

On observe **une discontinuité du lien.** En même temps, l'entre-deux est insupportable pour la personne alcoolique. Son rapport complexe au temps, à l'espace, à son corps, rend inaccessible la constitution de son identité.

L'ingestion d'alcool lui permet de combler les manques, les trous qui font d'elle un être psychiquement instable.

Ch. Brisset[30] fait l'hypothèse d'une faille précoce dans l'organisation du psychisme. Enfant, le soutien parental, surtout maternel, aurait été insuffisant pour permettre la construction des sécurités de base. Cette problématique de

27. C. Niewiadomski, *Histoires de vie et alcoolisme*, Éditions Seli Arslan, 2000.

28. S. Freud, Lettres à W. Fliess dans *Naissance de la psychanalyse*, PUF, 1956.

29. *La part alcoolique du Soi*, Dunod, 1999.

30. Ch. Brisset, "Existe-t-il une structure psychologique particulière chez les alcooliques graves ?", *Revue de l'alcoolisme* 24, n° 3, 1978.

« fusion-confusion », caractérise la personne alcoolodépendante. Toutefois, nous la retrouvons chez les enfants avec lesquels nous travaillons. D'où l'émergence de nos observations concernant la **codépendance**.

En effet, lorsqu'un enfant évoque une situation relationnelle particulière, nous percevons une grande confusion entre les sentiments qu'il éprouve et la relation qu'il a avec son parent qui boit. L'apprentissage de cette différence lui donnera, nous l'espérons, la possibilité de **se distancier** pour dire par exemple à son parent : « Je t'aime très fort, mais ce que tu me fais vivre est insupportable pour moi ».

• Être dépendant, ce peut être...

...normal, puisque notre qualité d'êtres humains fait de nous des êtres interdépendants !

Abraham Maslow[31] a montré combien la satisfaction d'un certain nombre de besoins était essentielle à l'équilibre humain. Pour autant, si l'on a « besoin » de se nourrir, nous ne sommes pas forcément boulimiques, si l'on a « besoin » d'amour, nous ne sommes pas tous dans un « besoin » d'amour absolu... ment parfait**. Le problème réside dans l'aménagement de nos dépendances.**

Alors où se trouve la frontière entre la satisfaction des besoins fondamentaux et l'excès qui signe la dépendance ?

Albert Memmi[32] en donne la définition suivante : *« la dépendance serait une relation contraignante, plus ou moins acceptée, avec un être, un objet, un groupe... qui relève de la satisfaction d'un besoin ou d'un désir »*.

L'auteur nous invite à penser ce concept à partir tant de l'histoire individuelle que de l'histoire des groupes. Il met l'accent sur le fait que la dépendance est une relation et non une qualité propre.

Dans son ouvrage « Les toxicomanes »[33], Sylvie Geismar-Wierwerka fait le même constat à propos de l'usage des drogues. Personne n'est dépendant en soi, on dépend toujours de quelqu'un ou de quelque chose. Les situations de ruptures mettent souvent en exergue notre rapport à la dépendance.

• Être alcoolo dépendant ce pourrait être...

Être alcoolo dépendant génère des fluctuations dans le comportement, de l'inconstance et nous le verrons plus loin, du paradoxe.

Ce comportement teinté d'incohérences porte préjudice aux enfants dans les différentes étapes de leur développement et entrave la construction de leur identité.

31. A. Maslow, *La pyramide des besoins.*

32. *Le buveur et l'amoureux*, Arléa, 1998.

33. *Les toxicomanes*, Le Seuil, 1995.

Le problème se trouve donc autant dans l'effet du produit que dans le fait de ne pas pouvoir s'abstenir de boire.

Michel Legrand[34] remet en question le concept spécifique de dépendance alcoolique. Il propose de différencier les phénomènes de dépendance physique qui s'avèrent d'une incontournable réalité, avec ceux qui touchent la dépendance psychique, plus difficilement objectivables et identifiables.

• Être codépendant, ce peut être...

... « *La maladie de la perte de soi, au profit des attentes et comportements d'autrui* »[35] ainsi que le définit C. Whitfield.

La codépendance comporte la notion de contrôle et de sacrifice. Elle est caractérisée par le déni (refus inconscient de se rendre compte de la réalité du problème).

La personne codépendante adopte une posture de sauveur, souvent acquise dans l'enfance et perpétuée à l'âge adulte. C'est à travers le soin qu'elle apporte aux autres, que la personne codépendante tente de se réaliser et cherche à être valorisée. Elle n'a pas appris à prendre soin de ses propres besoins.

De la même manière, l'enfant s'oublie lui-même au profit de son parent.

Les codépendants s'effacent et se collent à la personnalité de l'autre.

• Être codépendant alcoolique, ce pourrait être...

Le codépendant est affecté par le produit alcool sans l'ingérer, mais par son conjoint interposé. La rencontre avec la personne alcoolique serait le révélateur de sa propre dépendance sous jacente.

Face à la déresponsabilisation de la personne qui boit, le conjoint se surresponsabilise. Il cherche de manière obsessionnelle à contrôler le comportement de l'autre, ignore ses propres besoins ou désirs, en « incorporant » ceux de l'autre. Il se sent indispensable et croit savoir ce qu'il faut faire, mieux que quiconque. Il est porté à croire que l'autre ne peut pas se débrouiller sans lui et décide de ce qui est bon pour lui à sa place. Il tente peut-être ainsi de se libérer de l'inconfort qu'il éprouve face à la détresse de l'autre. Il ressent de la pitié, de l'anxiété et s'autoculpabilise.

Le codépendant alcoolique est semblable à un chargé de mission qui, pour réussir, doit pouvoir tout contrôler.

Lorsqu'il se rend compte de l'inefficacité de ses efforts, le codépendant alcoolique peut devenir menaçant, pratiquer le chantage, le harcèlement, puis s'épuiser et abandonner, en endossant alors une posture de victime.

34. *Le sujet alcoolique*, Desclée De Brouwer, 1997.

35. *L'alcoolique en famille*, ouvrage collectif, De Boeck, Université 2000.

Jean-Paul Rousseau, dans ***L'alcoolique en famille,*** affirme que de très nombreux alcooliques auraient été d'abord codépendants avant d'avoir été alcooliques d'où le concept de **« coalcoolisme »** qu'il a développé depuis 1982.

Denis Hers définit la personne codépendante alcoolique comme *« celle qui glisse une main protectrice entre la tête de l'alcoolique et le mur de la réalité ».* La finalité serait pour lui de sauver ce qui peut l'être, d'assurer un statu quo.

Cette attitude permet involontairement la poursuite de l'alcoolisation en en minimisant les conséquences négatives. *« Ce n'est que lorsque le codépendant renonce à sa mission qu'il peut demander de l'aide ».*

L'alcool qui fait loi induit des rituels de transmission spécifique, car il devient le pivot de l'organisation familiale.

Dans une famille, si les rituels ordinaires (heures fixes du repas, du coucher) sont remplacés par ceux relatifs à l'alcool (absence de rythme régulier du fait des colères impromptues, oublis de l'heure, demandes inappropriées) **ce qui est transmis à l'enfant contient l'ensemble des symptômes et des messages paradoxaux propres à la problématique de la personne alcoolodépendante.**

En conséquence, **l'enfant se les approprie de manière inconsciente et peut développer des symptômes identiques à ceux de la personne dont il les a hérités, sans avoir besoin d'ingérer de l'alcool**.

Les enfants sont mis de fait dans une situation de codépendance. Leur parent les envoie parfois acheter l'alcool. Ils témoignent de la difficulté pour eux de ne pas « pouvoir refuser ».

Ils développent alors des trésors d'imagination pour minimiser les conséquences de l'alcoolisation de leur parent. Ils peuvent téléphoner à l'employeur pour dire que le parent est malade, prendre en charge l'organisation et l'entretien de la maison, afin de maintenir l'homéostasie familiale.

Il leur arrive également de fournir de faux prétextes à l'école pour excuser l'absence répétée du parent aux réunions ou rendez-vous prévus.

De même, la position fréquente du conjoint de l'alcoolodépendant « qui supporte » et qui, de fait, accepte de se laisser maltraiter lui-même, n'aide pas l'enfant à sortir de cette co dépendance.

Nous nous posons la question de « la dette » qui est à l'origine de l'acceptation de cette collaboration à un système dont l'entourage de la personne alcoolodépendante se sent néanmoins victime.

En effet, il est fréquent de retrouver dans l'histoire de vie du conjoint des événements qui ont créé un traumatisme. Parce que souvent un enfant ne peut que porter sur ses épaules ce que les adultes significatifs pour lui y déposent, certains se « chargent d'une mission impossible » : **soigner son parent, tenir debout à sa place, le sauver de sa folie...** La plupart du temps, il ne sera pas parvenu à accomplir sa mission. Il va en conserver le sentiment de ne pas être à la hauteur, d'avoir commis une faute irréparable.

Il va chercher à accomplir sa mission auprès de toutes les personnes en difficulté qu'il va rencontrer, comme s'il tentait sans cesse de réparer « la faute commise » des années auparavant : c'est ainsi que nous entendons l'idée de **la dette.**

Discours et attitudes paradoxales

Objectif de travail

- **apprendre à repérer les discours et attitudes paradoxales, à les nommer et à s'en distancier**

Pratiques et paroles

« Je comprends que tu aies besoin de parler, mais pourquoi vas-tu dans cet atelier ? »

Amandine arrive ce soir-là, visiblement agacée. Elle nous dit : *« mon père est censé se soigner à la maison, mais il prend son traitement d'une main et de la bière de l'autre », « il dit oui à l'alcool en même temps qu'au traitement ».*

Amandine se demande alors quelle peut être l'efficacité du soin, tout en voulant « y croire ».

Julien, treize ans, témoigne des propos de son père alcoolique concernant sa venue au groupe : *« je comprends que tu aies besoin d'être aidé mais pourquoi vas-tu dans cet atelier ? »*

Si l'enfant ne travaille pas sur ces contradictions verbales, il peut développer une logique de pensée absurde.

Il en est de même concernant le langage non verbal, quand un parent vacillant affirme « qu'il n'a bu que de l'eau ».

L'enfant, qui veut continuer à faire confiance à son parent, finit par douter de ce qu'il « ressent », pour se fondre dans ce que la personne alcoolique « dit ».

Nous avons entendu maintes fois des enfants témoigner qu'ils marquent les bouteilles d'un trait noir afin de vérifier si le niveau d'alcool a baissé : ainsi, l'enfant peut se rassurer sur son ressenti et sur le fait « qu'il n'est pas fou ».

La vie familiale de **Xavier, sept ans,** est remplie de paradoxes. Ses parents, font preuve d'une capacité d'élaboration certaine ayant conscience qu'un enfant a besoin de repères pour se construire. Mais ils le mettent constamment dans une instabilité de tous ordres (lieux de vie multiples, attitudes relationnelles discordantes, adultes référents non stables).

Lors d'une séance, nous demandons à **Xavier** de visualiser sa configuration familiale et ses nombreux lieux de vie. Il montre avec les objets une quantité impressionnante de relations, dans lesquelles il se perd. Il confond les places, les rôles et les statuts de chacun. « *La femme de mon frère est ma sœur* » nous dit-il.

Les enfants présents remarquent combien il doit être difficile pour **Xavier** de s'y retrouver. Ils s'adressent à lui avec bienveillance et les histoires des uns et des autres se croisent pour donner à **Xavier** une lecture de ce qu'il a montré.

Éclairage

Nous avons très souvent observé, dans les familles à transaction alcoolique, la pratique de relations paradoxales.

La personne alcoolique est dans la confusion manifeste entre le dedans et le dehors et se sert du produit pour créer une « aire intermédiaire »[36], sorte d'objet transitionnel[37] qui ne remplit pas sa fonction de passerelle.

Du fait de la fusion avec la mère qui crée un « collage » relationnel et pour sortir de cette dépendance originelle, certains croient trouver de l'aide dans l'alcool.

La consommation excessive d'alcool et ses effets représentent peut-être une sorte de « sas », de respiration, dans la lutte pour devenir « un être séparé ». Même si, **paradoxalement,** il faut pour cela redevenir dépendant.

Le paradoxe, au sens du petit Robert, est « *une absurdité, une proposition en même temps vraie et fausse* ». L'alcool est à la fois anxiolytique et anxiogène.

Dans l'alcool consommé, il y a l'idée du vide et du plein, jamais comblé : le manque reste à l'œuvre.

L'alcoolisme est considéré en même temps comme une « **maladie** » et un **délit.** L'accès au soin est rendu compliqué par le fait qu'il doit s'adresser à la fois au corps et au psychisme.

Dans cette configuration spécifique, comment l'entourage parvient-il à se situer ? À se dégager ?

Le conjoint utilise souvent de nombreuses injonctions paradoxales[38]. (L'injonction paradoxale se présente sous la forme d'un ordre qui contient en lui-même une contradiction telle que celui à qui il s'adresse n'a aucun moyen d'y répondre de façon satisfaisante).

L'exigence du partenaire semble inaccessible à la personne alcoolique, qui, par conséquent, aggrave sa consommation d'alcool en guise de réponse. Il en découle une **dévalorisation grandissante** pour les deux protagonistes.

36. C. Niewiadomski, *Histoires de vie et alcoolisme* qui cite C. Le Vot-Ifrah, Éd. Seli Arslan.

37. D. W. Winnicott, "Objets transitionnels et phénomènes transitionnels", in *De la pédiatrie à la psychanalyse*, Payot, 1969.

38. E. Marc et D. Picard, *L'école de Palo Alto*, Retz, 2006.

On a pu remarquer également des comportements paradoxaux de la part des conjoints à l'égard de la personne qui boit au moment du sevrage.

Il en a été ainsi pour le père de **Coralie** qui, tout en se plaignant de la prise d'alcool nocive de sa femme, n'a cessé de l'infantiliser lorsqu'elle a tenté de s'arrêter de boire : il lui confisquait les clefs de la voiture, l'enfermait dans la maison pour être certain qu'elle n'irait pas chercher de l'alcool.

Cette mère nous a confié, de manière pertinente, que son mari ne « supportait pas quand elle était abstinente car il avait besoin de la soumission qui était la sienne sous l'emprise de l'alcool ». Sa fille aussi lui a dit : *« c'était mieux quand tu buvais, tu étais moins chiante ».*

Ce conjoint, dans les moments d'abstinence de sa femme, exprimait des angoisses longtemps contenues. Il lui faisait en quelque sorte « payer » sa souffrance sourde et indicible de personne codépendante.

Nous avons également en mémoire le souvenir d'une situation où un homme de 40 ans, alcoolo dépendant, vivait toujours chez sa mère. À chaque fois qu'il tentait de partir pour vivre seul, elle le retenait, prétextant « qu'il allait recommencer à boire ».

En effet, au domicile, c'était toujours la mère qui gérait le budget de son fils, lui donnant, au jour le jour, l'argent dont il était censé avoir besoin.

« Il est incapable de se prendre en charge » disait-elle.

Le paradoxe, pour ce cas précis, est la plainte réitérée de la mère face à la détresse que son fils « lui » fait vivre et la séparation impossible qu'elle met en œuvre à son égard. De même, elle lui servait régulièrement à boire, prétextant ainsi contrôler sa consommation.

Le partenaire, ou le parent dans la situation précitée, en dépit de la souffrance qu'il exprime, tente de sauver la personne alcoolique des effets de son alcoolisation : **il lui enlève de fait toute responsabilité,** l'infantilise et se justifie par un discours qui oscille entre victime et bourreau.

De fait, il devient codépendant et finit par souffrir des mêmes symptômes que la personne qui boit (impossibilité de différenciation, manque existentiel profond qui fabrique un statut de sauveur, etc.).

Contrôle et surveillance

Objectif de travail

- lâcher prise

Pratiques et paroles

« Je cherche et cache les bouteilles pour que papa boive moins. »

Lors d'une séance, **Sonia** amène un bouchon de bouteille de rhum. Elle nous dit *« c'est la preuve que c'est vrai que ma mère boit »*. En même temps, elle exprime sa confusion et ses doutes *« est-ce que ma mère sait que je sais, est-ce que ça se voit à l'extérieur ? »*. Elle semble être en état de sidération.

D'autres enfants apprennent à maîtriser continuellement leurs attitudes.

Linda a dix-huit ans. Sa mère tient un discours haineux envers son mari qui boit. Cette femme, qui « nous amène sa fille », dit qu'elle-même se refuse à parler de « tout ça », car c'est trop profond en elle ; elle a peur d'être complètement débordée par sa souffrance et de basculer dans la folie.

Pendant la séance, **Linda** s'isole et laisse entendre son ambivalence quant à sa présence ici (rires nerveux, corps en retrait, sourire blasé, agressivité, conseils prodigués aux autres).

Elle parle néanmoins de son désir que son père arrête enfin de boire.

Invitée à symboliser ce désir, elle rassemble *tous* les objets à sa disposition, en dehors du singe qui la représente.

Elle se positionne comme quelqu'un qui a beaucoup d'expérience en ce domaine et qui est un peu « au-dessus de tout ça », comme « s'il était trop tard pour elle ». Elle dit plusieurs fois « *je m'en fous* ».

Peu à peu, sa façon de parler devient moins agressive, plus calme. Le contact avec ses émotions devient possible :

- elle nous fait part de son étonnement à « en dire autant et si vite, alors qu'elle voulait se taire » ;
- elle nous demande, par deux fois, de confirmer que sa mère qui attend à l'extérieur de la salle, n'entend vraiment rien de ce qu'elle dit.

À la fin de la séance, elle confirme doucement, d'un air étonné : *« c'est drôlement bien ce truc* ! ». Pourtant, elle ne reviendra pas aux séances suivantes.

Éclairages

Nous repérons chez ces enfants de **multiples formes de contrôle.**

En effet, l'alcool va régir la teneur de toutes les relations familiales. Le conjoint aura tendance à se situer en fonction du degré d'alcoolisation de son partenaire. Il pourra adopter **deux attitudes opposées** : **l'évitement de l'alcool** (ne rien voir) ou la **recherche de ses preuves** (trouver les bouteilles).

Les enfants nous parlent, avec une description minutieuse et infinie, de la manière dont ils tentent de s'assurer que ce qu'ils voient et ressentent est juste ; ils doutent en permanence. Ce qui apparaît le plus significatif est ce qui se passe autour des cachettes où se trouve l'alcool et la vigilance des enfants à cet égard. Ils cherchent sans relâche les lieux où leur parent cache les bouteilles. Certains d'entre eux les vident, tout en sachant qu'elles seront de nouveau remplacées.

C'est dans le contrôle que l'enfant cherche désespérément à éviter les « drames » et à anticiper les situations extrêmes, d'où une propension à développer des idées obsessionnelles.

Se taire reste pourtant la seule façon de se protéger d'un extérieur menaçant parce que porteur de la crainte de l'effondrement familial, si les services sociaux notamment viennent à être informés du problème. Cette idée « d'effondrement familial » nous semble pertinente car elle renvoie à l'idée très forte que **le défi pour ces enfants n'est pas tant de vivre que « d'exister ».**

Pour éviter de souffrir, l'enfant est amené à mentir et se noie dans l'ambivalence qui s'inscrit entre vérité et mensonge. En effet, si l'enfant parle vrai à l'extérieur, il est convaincu qu'il prend le risque de perdre l'autre : **en grandissant, il intègre que la vérité détruit et que le mensonge construit.**

Violences reçues

Objectif de travail

- élaborer sa pensée

Pratiques et paroles

Deux types de violence ont été repérés : la violence **psychologique**, et la violence **physique**.

• La violence psychologique

« Quand papa a bu, nous dit ***Stéphan****, il tape avec sa bouche. »*

Cette phrase nous semble résumer l'ensemble des propos des enfants en matière de violence psychologique.

Yanis, sept ans, nous dit que lorsque ses parents se disputent et qu'il a peur, il va jouer pour oublier. Il essaie de se faire pleurer pour qu'ils s'arrêtent, *« mais ça ne marche pas »*. Il parle des cris de son père et énumère les attitudes d'ivresse déconcertantes de sa mère : il la mime devant nous, avançant sur le sol, à quatre pattes ou titubant quand elle marche.

Linda dit à quel point son père l'a « cassée en tant que femme » par des insultes à connotation sexuelle quand il était en état d'ivresse.

Paul a été amené à acheter de la bière pour son beau-père, c'est-à-dire à être acteur dans ce qui le détruit : *« c'était lourd à porter »* dit-il.

Quand la **mère de Marine, quinze ans,** vient à l'atelier en état d'ivresse, **Marine** veut qu'elle s'en aille. Elle dit sa honte, sa rage.

Une autre fois, cette mère a ouvert la porte bruyamment au milieu de la séance, affolée, ivre et cherchant sa fille. **Marine** a craqué : *« je n'en peux plus, pourtant je l'avais prévenue que j'étais ici »*.

Lorsque nous revoyons **Marine** après une période de congés scolaires, elle nous informe que le secret de l'alcool de sa mère a été dévoilé aux membres de sa famille, du fait de l'aggravation de son état.

Un signalement a été fait auprès du juge pour enfants, concernant la situation de **Marine** qui vit seule avec sa maman. Il semble qu'un placement soit envisagé. Ces événements entraînent des peurs, des menaces de suicide, du chantage, de la part de la mère. Cette dernière se réveille la nuit, est dans un état d'ivresse permanent. **Marine** essaie de prendre soin de sa mère, de la rassurer.

Elle est fatiguée et inquiète. Elle nous cite les phrases prononcées par sa mère et dont elle ne sait que « faire » : *« je ne veux pas qu'on te vole à moi », « c'est sûr, on va t'enlever », « je suis une pétasse », « si tu t'en vas, je me tue »...*

Nous demandons à **Marine** de noter ces phrases sur une feuille de papier et de les mettre dans une « poubelle relationnelle »[39]. Ceci afin qu'elle ne se laisse pas envahir par tous ces messages négatifs, qui lui font l'effet d'un véritable poison.

Marine travaille avec nous depuis plus d'un an et accepte l'idée qu'elle n'a pas à « prendre sur elle » tous ces messages qui ne lui appartiennent pas et ne sont pas bons pour elle.

Mais ce n'est pas encore un réflexe, tant il lui est difficile de ne pas excuser tout ce qui lui vient de sa mère.

Marine n'a eu, pour le moment, aucun interlocuteur pour comprendre ce que cela signifie « un placement d'enfant ». Nous décidons de lui expliquer avec précision les différentes procédures judiciaires et leurs effets potentiels.

Nous évoquons l'idée de protection. **Marine** est pétrie, triste et recroquevillée parce que prise dans des contradictions insoutenables entre ses propres besoins et ceux de sa mère.

Pour visualiser, elle choisit « le gros poisson de toutes les couleurs » pour représenter sa mère. Elle pose à côté d'elle le « bouchon de rhum », pour représenter l'alcool.

Elle prend un « petit cochon appuyé à un puits », pour se représenter.

Elle pose près d'elle la « grosse araignée » qui dit ce qu'elle a ressenti à l'annonce de son placement éventuel.

Ce placement est représenté par l'objet de la « mort » et posé au milieu de l'écharpe relationnelle.

Elle met autour de la relation (symbolisée par une écharpe) deux « petites poupées colorées » qui représentent les assistantes sociales.

Et puis, un peu plus loin, elle pose un « singe » dans un verre transparent, pour représenter le juge.

En regardant ce qu'elle a visualisé, **Marine** a pu verbaliser à la fois son désir de rester avec sa mère et le fait que peut-être, si elle s'en va, quelqu'un d'autre s'occupera de son parent.

Marine a brusquement arrêté de venir au groupe, après deux ans.

La nouvelle du décès de sa mère est arrivée jusqu'à nous quelque temps après. Nous avons revu **Marine**, bien plus tard ; elle vivait chez son père et se préparait à faire une formation dans le secteur social. Elle nous a dit être

39. Il s'agit d'une démarche symbolique. La poubelle relationnelle peut prendre l'aspect d'une boîte réservée à cet effet. Elle sera utilisée pour ne pas garder en soi les attitudes, comportements, phrases que les autres déposent sur nous. Elle permet de ne pas prendre sur soi quelque chose qui ne nous appartient pas et qui n'est pas bon pour nous. Elle doit, bien sûr, être vidée régulièrement...

apaisée désormais, et a tenu à témoigner, sur le plan médiatique[40], des bénéfices qu'elle a eus à pouvoir ainsi être reconnue dans sa souffrance « d'enfant de parent alcoolo dépendant ».

Léo, dix ans, a une grande capacité d'élocution verbale. Son vocabulaire est riche. Il vit avec sa mère et son beau-père, tous les deux alcoolo dépendants. La mère est en soin, le beau-père est dans le déni. Lors de notre première rencontre, **Léo** décrit l'ensemble de sa famille recomposée. Nous l'écoutons introduire auprès de nous « un bout de son histoire », sans lui proposer de visualiser… nous ne parvenons pas à avoir une image claire de sa famille.

À la séance qui suit, **Léo** témoigne d'un niveau de tension élevé à la maison. Nous lui proposons de visualiser « ce qui se passe en ce moment ».

Il se représente avec un petit « nounours », choisit un « âne » pour représenter son beau-père et un « petit dragon » pour représenter sa mère.

Une écharpe rose et blanche montre sa relation à son beau-père, une noire pour la relation entre sa mère et son compagnon, une rose foncée pour la relation à sa mère.

Il pose, au milieu de la relation entre sa mère et son beau-père, « un peigne » pour représenter les disputes, « un ours » pour représenter la violence.

Lorsque nous lui demandons de prendre un objet qui représente ce qu'il ressent, LUI, il a beaucoup de mal, car il voudrait *d'abord* trouver les mots pour partager ce ressenti.

Nous insistons avec douceur : Léo prend « l'araignée » et la pose près du « nounours ».

Puis, nous l'aidons à mettre des mots sur l'émotion qui s'exprime *: « ça me fait pleurer », « j'ai peur que ça dégénère », « j'ai peur qu'il devienne fou, qu'il casse tout dans la maison », « j'ai peur qu'il mette mon chien dehors* (menace que son beau-père profère souvent) ».

40. Visite du Ministre de la Santé, Xavier Bertrand, en décembre 2006, à l'hôpital Beaujon (Clichy-92).

La violence psychologique décrite est telle que nous comprenons que **Léo** est habité par la peur de la mort au sens large (la sienne, celle de sa mère, celle de son animal) « *si cet homme ne se soigne pas et s'il devient fou en buvant trop.* »

Nous demandons à **Léo** de symboliser ses peurs ainsi que les désirs qui les sous-tendent. Il montre sa peur de mourir, ainsi que deux désirs dont il prendra soin : celui de rester vivant, celui de voir cet homme se soigner.

Il nous dira plus tard son soulagement face à ce travail de symbolisation. Au moment de crises fortes à la maison, il prend l'objet qui lui rappelle son désir de rester vivant et se sent moins happé par ce qui se passe ; il parvient même à changer de pièce, ce qu'il ne pouvait pas faire « avant ».

À la fin d'une séance, la **mère de Coralie,** arrive en état d'ivresse avancée. Elle s'écroule à terre, en position de fœtus. Elle ne veut plus se relever, pleure et raconte sa vie sans pudeur.

Coralie se replie alors sur elle-même et, le regard vague, elle a recours à la masturbation face au groupe. Cette situation nous a fait repérer à quel point la mémoire émotionnelle (et libidinale) de ces enfants pouvait être perturbée par de tels comportements parentaux.

Il est probable que l'excitation physique recherchée par **Coralie**, à titre de mouvement pulsionnel et libérateur d'angoisse, à ce moment précis, se soit inscrite dans le corps, se confondant avec la souffrance aiguë déclenchée par l'attitude de la mère.

Des témoignages « d'ex-enfants de parents alcoolo dépendants devenus adultes » dont nous évoquerons la problématique plus loin, confirment cette hypothèse qui va dans le sens d'une sexualité débridée ou empreinte de la nécessité d'une douleur associée. S'ensuit souvent des **comportements d'errance** observés dans la vie adulte, entravant la maturité affective.

• **Violence physique**

« Quand papa a bu, il n'est plus le même et j'ai peur qu'il nous frappe. »

Aurore, seize ans, a assisté à des scènes de violence physique qu'elle raconte de manière banale, sans affect. Cette jeune fille montre ainsi la carapace qu'elle a dû se forger pour ne pas être déstabilisée ou terrifiée en permanence par de tels incidents.

Hélène, douze ans, parle des hurlements de son père et de la violence qu'il exerce sur sa mère. Elle raconte une scène où elle fut témoin des passages à l'acte de son père.

Coralie relate un moment de vie où elle a vu son père traîner sa mère par les cheveux, en hurlant.

Au cours des séances, les enfants ont souvent exprimé la **crainte**, même si elle ne se vérifie pas systématiquement, **de subir des violences physiques** de la part de leur parent alcoolique.

Le père de Coralie témoigne auprès de nous, avec une grande culpabilité, de sa propre violence en direction de sa femme qui boit. Il lui a donné des coups de pieds. Sa femme est plâtrée et, de ce fait, ne peut plus aller acheter d'alcool. Il évoque un soulagement de mettre des mots sur ce qu'il décrit, comme « l'ultime solution possible, avant que *« ça ne finisse mal »*, *« avant que cela tourne en drame »*. Cet homme laisse entendre un meurtre possible.

Sonia énonce : *« l'alcool c'est le mal, j'aimerais le casser, le détruire »*. Spontanément, elle rassemble des bouchons, en quantité importante, qu'elle nous amène.

Nous lui demandons ce qu'elle souhaiterait en faire. Dans un premier temps, elle les étale sur la table en forme de croix en précisant :

« Sur une ligne, je peindrais dessus les lettres du mot B O N H E U R. en rouge et sur l'autre ligne, les lettres en noir, du mot M A L H E U R, qui se croiseraient au niveau du H ».

Nous aidons **Sonia** à préciser ce qu'elle veut représenter, pour lui proposer un acte symbolique qui puisse avoir un vrai sens (conscient). Les lettres du mot « bonheur » sont, pour elle, la traduction de **son** désir que sa mère se soigne. Les lettres du mot « malheur » symbolisent l'ensemble des actes et des mots « poisons » que sa mère dépose sur elle lorsqu'elle est alcoolisée.

Nous proposons à Sonia de symboliser son désir, en rassemblant, par exemple, les bouchons pour en faire un objet qu'elle installera dans sa vie et dont elle s'occupera, car son désir est bien chez elle.

Concernant les actes et les mots reçus de sa mère, nous lui demandons de les détailler précisément (certains ne l'ont pas affectée, d'autres, au contraire, lui ont fait violence). Elle sera invitée ensuite à les symboliser séparément (un dessin, un objet acheté ou fabriqué, des mots écrits) et à les restituer à sa maman, lorsque cela sera possible : « *je remets chez toi, les mots et les actes que tu as déposés sur moi et qui ne sont pas bons pour moi. Je fais cela pour moi et non contre toi* ». En attendant que cette restitution soit possible, Sonia mettra de côté ses symbolisations.

Cette jeune adolescente s'est sentie très soulagée de pouvoir faire cette démarche, comme « nettoyée » de l'intérieur. Elle aura l'occasion, quelques mois plus tard, de restituer symboliquement à sa mère, dans un rare moment d'abstinence, ces mots et ces actes qui lui ont fait violence. Cette dernière a accepté la démarche profondément non violente de sa fille, avec beaucoup d'émotion.

Déni – Dénégation

Objectif de travail

- mettre en mots le problème

Pratiques et paroles

« Je viens au groupe,
mais je ne sais pas si mon père boit vraiment. »

La mère de Sonia nous dit avec force : *« les enfants ne doivent pas souffrir »*.

La mère de Coralie nous parle plusieurs fois de « drame », en nous demandant de confirmer que son problème n'a pas d'effet si important sur ses enfants. Elle tente de se rassurer, à la sortie d'un atelier, en disant : *« elle n'a pas l'air traumatisée »*.

Nous confirmons que **Coralie** souffre, sans pour autant que cette souffrance soit irrémédiable. Nous percevons chez cette mère la crainte que son problème ne rende ses enfants « fous », d'où la difficulté réelle d'accepter de penser que ses enfants souffrent de son alcoolisation.

La mise en mots de tout cela est très douloureuse.

Amandine, du fait que son père semble être de nouveau en soin, parle de son bonheur de penser que tout cela peut finir.

Pourtant, lors d'une autre séance, elle témoigne de ses doutes quant à l'arrêt de l'alcoolisation de son père : *« un jour il boit, un jour il est calme »*. **Amandine** continue à avoir des repères forts, donnés par sa mère, qui maintient des rituels familiaux au domicile (en dehors de ceux suscités par l'alcool) et lui facilite l'accès à des activités extérieures.

Nous affirmons à Amandine **que ce qu'elle ressent et voit est juste, qu'elle sait que son père boit.** Mais nous percevons que nos mots ne « l'atteignent » pas. Nous lui demandons alors de représenter « ce qu'elle sait de l'alcoolisation de son père » avec des objets. Elle hésite, intellectualise notre consigne. Nous l'invitons à ne pas réfléchir. Elle prend beaucoup de temps, puis finit par choisir une dizaine d'objets qu'elle pose près de celui qui représente son père. L'écharpe relationnelle entre eux est noire et blanche : *« ma relation à mon père est ainsi »* dit-elle.

Nous lui demandons alors de se reculer et de regarder ce qu'elle nous a montré. À ce moment-là, **Amandine** éclate en sanglots.

Nous encourageons l'expression de son émotion et lui confirmons que c'est difficile de devoir toujours « tenir debout ». Elle se rigidifie rapidement. L'une de nous pose les mains sur ses épaules pour qu'elle se sente soutenue. Elle pleure à nouveau en silence.

Elle tient dans sa main un objet personnel qu'elle apporte toujours aux séances (une petite vache en plastique souple) à titre d'étayage.

Nous lui demandons de représenter sa blessure : elle prend un tout petit objet qu'elle pose derrière celui qui la représente. Nous retournons alors l'objet et lui proposons de regarder comment elle imagine sa blessure.

Amandine, par la nature de l'objet choisi, montre combien elle la relativise. Mais ce soir là, et semble-t-il pour la première fois, elle a pu entendre la réalité de ses ressentis.

« Je vais bien », avait-elle dit, une fois encore, en arrivant au groupe.

Ce moment de travail nous a permis de dire à **Amandine** que ce qu'elle éprouve, ce qu'elle sait, est forcément juste pour elle, même si ses ressentis fluctuent avec le degré d'alcoolisation de son père.

En même temps, nous avons ainsi eu l'occasion, à travers tous les thèmes abordés, de faire en sorte que le mot alcool soit prononcé sans peur, sans honte, sans drame.

Amandine nous dit souvent sa fuite face à ce père alcoolisé qu'elle ne voit jamais boire : *« je m'enferme dans ma chambre, je ne mange pas avec lui, j'entends juste le bruit particulier des canettes de bières qui s'ouvrent »,* bruit qu'elle décrit différent de celui des canettes de coca-cola.

Elle nous rapporte qu'elle a beaucoup d'activités à l'extérieur et que, de ce fait, *« c'est moins grave pour elle ».*

Elle montre une difficulté à lâcher prise. De manière générale, cette enfant reste beaucoup dans le cérébral, l'anecdotique, et fuit le ressenti, jusqu'au moment précédemment décrit, où elle craque (pleure).

Amandine a laissé passer un certain temps avant de revenir dans le groupe. Ce comportement rejoint celui repéré lors des arrêts brutaux de thérapie, chez les patients qui, parce qu'ils ont lâché quelque chose d'important pour eux, ne peuvent poursuivre dans ce même temps.

Vincent, quand il dit à sa mère « qu'il voit qu'elle boit », s'entend répondre : *« tu mens ».* Il reçoit en même temps une claque pour avoir dit cela. Ce type de situation induit de fait le doute, voire le déni, pour les enfants.

Nadine, dix ans, lorsqu'elle demande à sa mère d'arrêter de boire, s'entend répondre par cette dernière « qu'elle n'a qu'à dessiner ». Lors d'une visualisation, elle choisit, pour se représenter, un « petit singe » qui se bouche les oreilles.

Marine demande la parole avec empressement. Elle montre un dépliant « Où en êtes-vous avec l'alcool ? » qui contient un test. Elle a demandé à sa mère de faire ce test, pour susciter un dialogue avec elle. Son témoignage est intense : elle lit à l'ensemble du groupe les réponses de sa mère et exprime son soulagement ; c'est la première fois qu'elle ose parler de façon aussi claire de l'alcool avec elle. Cette dernière, à travers cet exercice, a donné beaucoup d'informations à sa fille sur sa propre histoire.

Marine remercie le groupe car, dit-elle, *« c'est grâce au travail que nous faisons ensemble que j'ai osé faire cela ».*

Ce témoignage nous donne l'occasion, une fois de plus, de **dégager la responsabilité des enfants,** quant à la prise d'alcool de leur (s) parent(s).

L'alcool et ses excès font partie de notre culture. On a donc du mal à le regarder comme un possible objet de souffrance.

Dans son besoin de tout incorporer, l'alcoolique ne peut envisager l'idée de la perte. Il ne peut donc pas se servir des mots pour libérer sa pensée et sortir de son enfermement. On parle alors, selon les auteurs, de **déni** ou de **dénégation**[41].

Le déni s'observe tant chez les personnes alcooliques ou leurs conjoints, que chez les enfants.

Les parents des enfants qui participent à l'atelier ont, de fait, franchi un premier pas vers la mise en mots de leur consommation d'alcool et ils ont pris conscience des effets sur leurs enfants.

---

41. *Déni :* « mode de défense consistant en un refus de la réalité d'une perception traumatisante... » (Vocabulaire de Psychanalyse, de Laplanche et Pontalis, PUF, 1992) «...paradoxe psychique qui est que certains sujets savent quelque chose et à la fois ne savent pas, ou ne veulent rien en savoir » (*Dictionnaire de la psychanalyse*, sous la direction de Roland Chemama, Larousse).

Dénégation : « Procédé par lequel le sujet, tout en formulant un de ses désirs, pensées, sentiments jusqu'ici refoulés, continue à s'en défendre en niant qu'il lui appartienne. » (*Vocabulaire de Psychanalyse*, Laplanche et Pontalis, PUF, 1992).

Somatisations

Objectif de travail

- passer du non verbal au verbal

Pratiques et paroles

« Quand je sens que maman a bu… j'ai mal au ventre. »

Nous avons observé que l'humeur des enfants, leur tristesse ou leur gaieté, fluctuent de manière évidente avec le degré d'alcoolisation de leur parent. Ces enfants ne cultivent pas l'idée de la légèreté. Cela se traduit dans leur corps par des somatisations : pâleurs – rougeurs, problèmes dermatologiques, maux de tête et de ventre fréquents, rhumes.

Sonia arrive, lors d'une séance, en courant, se jette dans nos bras et nous dit : *« elle a recommencé ».* Les cures de sa mère, non suivies d'effets, et l'illusion chaque fois ponctuelle d'un mieux-être la plongent dans le désespoir.

Une autre fois, elle arrive à l'atelier, accompagnée de sa mère en état d'ivresse qui titube et interpelle les autres enfants. ***Sonia** veut qu'elle s'en aille vite ; son visage est rouge de colère et de honte.* Sa mère partie, elle retient un sanglot. Elle se reprend très vite et dit : *« ça va mieux »,* ce qui fait sourire les autres enfants : ils ne croient pas un instant que ça peut aller mieux et ils entendent, en écho du comportement de Sonia, leur propre **déni face à la honte.**

Sonia livre la représentation qu'elle a de sa mère qui boit : *« elle est comme un poisson qui nage dans l'eau… mais dès qu'il sort de l'eau, il meurt d'air ».*

Un autre enfant propose alors une écriture différente pour poisson :

POIDS – SON.

Ceci nous permet de **parler** ensemble **du poids** que chacun des enfants porte en lui mais aussi du son (les enfants sont très sensibles au bruit occasionné par l'ouverture des cannettes ou des bouteilles).

C'est à la suite de ce témoignage que nous avons intégré un « très gros poisson » dans « la boîte à outils », que les enfants ont utilisé longtemps pour symboliser « le parent qui boit ».

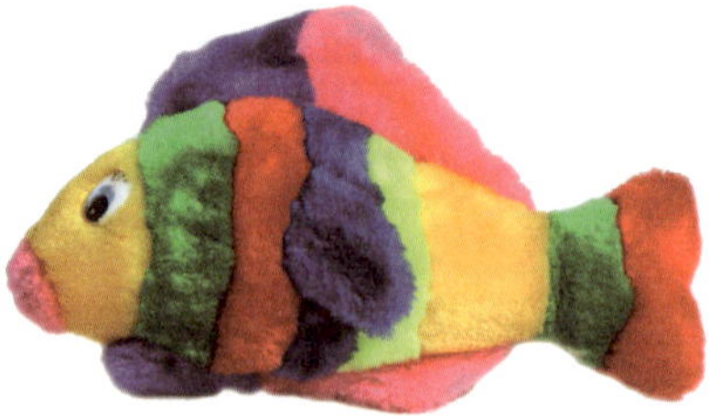

La maman de Nadine vient de passer cinq jours à l'hôpital et nous informe que, pour la première fois, elle a décidé de faire une cure.

Lorsqu'elle évoque les bienfaits de ce court séjour hospitalier, **Nadine** montre qu'elle n'est pas du même avis.

Au cours de la séance, nous lui demandons de visualiser ce qu'elle a ressenti quand sa mère est partie à l'hôpital.

Elle prend un phacochère pour se représenter et le singe pour représenter sa maman. Une écharpe rose et blanche, dans un tissu léger, pour leur relation. Elle pose une tortue près du singe, pour représenter le message « je vais me soigner à l'hôpital ». En face, près du phacochère, elle pose le perroquet qui représente sa joie.

Puis elle exprime ce qu'elle ressent aujourd'hui.

Elle garde le phacochère et le singe, change d'écharpe pour une toute blanche, presque transparente. Près du phacochère, elle pose une poupée colorée qui représente « sa joie que sa maman revienne. » Puis elle ajoute un masque marron, hideux, pour symboliser « sa peur que ça ne soit pas fini ». Elle rajoute, très vite, devant le phacochère, une énorme araignée, en disant : *« c'est ça que je ressens, mais je ne sais pas ce que c'est. »* Nous l'aidons à expliciter et elle nous dit, la tête baissée, tout doucement *: « c'est de la colère. », « je la garde en moi pour ne pas effrayer ma mère. »*

Le fait de s'entendre prononcer ce mot COLÈRE a déclenché beaucoup d'émotions en elle. Jamais, elle ne s'était autorisée à dire cela, comme si l'état de santé de sa mère risquait de s'aggraver en conséquence.

Nous proposons à **Nadine** de symboliser sa colère par un objet (qu'elle peut aussi fabriquer) pour la mettre à l'extérieur d'elle-même, de se laisser aller en écoutant ce qui se passe en elle, d'écrire des mots, les « gros mots » qu'elle retient.

Lorsque cela s'avère nécessaire, nous travaillons autour du **corps** par :

- *la respiration* : nous proposons aux enfants d'apprendre la respiration ventrale (gonfler le ventre en inspirant et le rentrer à l'expiration). Ils ont souvent besoin de temps pour oser faire avec nous ces exercices : il est nécessaire de se « laisser aller », « d'ouvrir grand la bouche sans mettre sa main devant », de baisser les épaules. Cet exercice est difficile pour eux parce qu'ils ont intégré le contrôle comme une nécessité. L'une de nous choisit quelquefois de faire alliance avec un enfant qui se montre en difficulté dans l'exercice, afin de permettre une identification.
- *le schéma d'un corps au tableau* : nous dessinons au tableau un grand bonhomme, dont nous remplissons le buste de briques, à l'image d'un mur. Ceci pour expliquer que tout ce que nous gardons à l'intérieur, sans le mettre en mots, s'inscrit dans notre corps, comme un ensemble de briques qui finissent par former un mur. Quand le mur « arrive en haut », c'est alors le corps qui se met à parler en allant mal (problèmes de peau, respiratoire, de dos, maux de tête). Ce dessin a été très parlant pour les enfants. Ils en ont demandé un exemplaire personnel et à la fin de chaque atelier, pendant quelque temps, ils ont colorié « les briques » dont ils pensaient être soulagés, dans l'ici et maintenant.

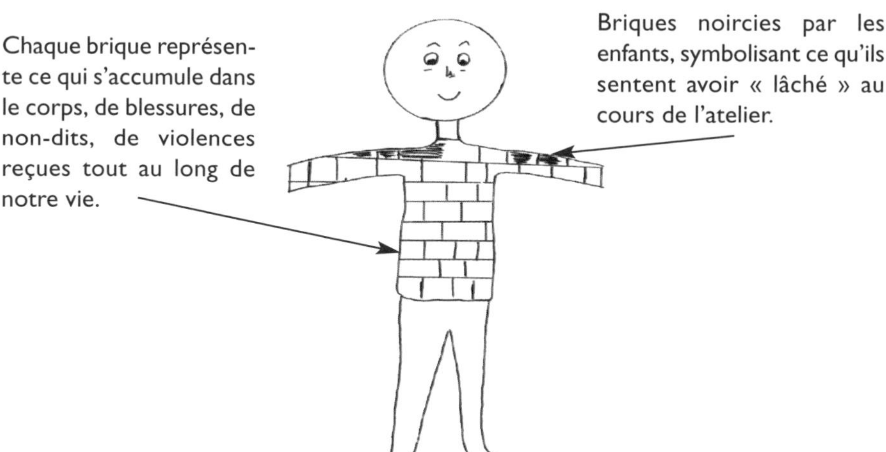

Les enfants prennent ainsi conscience que les secrets, les non-dits, les angoisses peuvent produire des réactions dans le corps qui sont comme un langage « qui parle à leur place ».

Troubles de la cognition (mémoire, raisonnement, logique)
Défaut de représentation

Objectif de travail

- prendre de l'assurance grâce à l'étayage du groupe

Pratiques et paroles

Un enfant du groupe dit en décrivant son parent alcoolique : « C'est comme s'il avait deux cerveaux. »

Coralie parle de son endormissement difficile et tardif lié à ses peurs. Nous lui proposons de les symboliser afin de les identifier et de les mettre à distance. **Coralie** reformule la proposition de la manière suivante *: « je dois réunir des objets qui parlent de mes peurs, pour les cacher dans une boîte, pour les oublier. »*

Nous aidons **Coralie** à dérouler ses peurs, à percevoir le ou les désirs qui « sont derrière », à entendre notre proposition sans la déformer.

Nous avons régulièrement l'impression d'enfants présents qui sont « ailleurs » (dans le rêve, les préoccupations). L'école renvoie souvent ce manque de concentration, même si ces enfants sont repérés comme étant des élèves en réussite, qui ne se font pas remarquer. C'est aussi une manière pour eux de rester dans la pulsion de vie par le biais de l'apprentissage. Il s'agit de se faire reconnaître, d'être valorisés.

Julie, quatorze ans, pense que les hommes sont tous scindés en deux (c'est son père qui boit) : *« un côté bon, un côté mauvais, mais nous, on ne voit que le mauvais. »* Un enfant du groupe dit *: « c'est comme s'ils avaient deux cerveaux.»*

Julie perçoit le clivage, la dissociation, chez son père, et affirme qu'elle ne connaît pas d'hommes qui soient différents. *« C'est l'alcool qui les rend comme ça ; seules les femmes sont entières. »*

Par ses interventions, Julie sous-entend que tous les hommes sont alcooliques et indignes de confiance. Sa vie de jeune adulte, appelée à être en relation affective avec un homme, sera peut-être teintée de cette ombre encombrante et peu génératrice d'harmonie dans le couple.

Guy, sept ans, montre une grande difficulté à se situer dans le temps : il nous dit qu'il a du mal à savoir si une nuit n'en contient pas deux. Il a du mal à articuler.

L'absence de repères s'illustre, chez lui, par un manque de ponctuations dans les phrases, un regard vide et lointain, une voix monocorde. Elle se matérialise par une confusion évidente au niveau de son ancrage au monde.

Éclairages

L'enfant qui grandit dans un univers trouble, où l'ensemble du système familial est organisé à partir de l'alcool, peut se construire de la même manière sur le plan psychique, notamment sur le plan cognitif.

Le fait de ne pas avoir pu s'appuyer sur une figure parentale stable, sans élaboration possible, provoque une impossibilité de s'inscrire dans une appétence au bonheur, parce que cette idée est associée à l'idée de la perte. Il s'ensuit un comportement de **fuite du bonheur** « de peur qu'il ne se sauve ».

Nous observons, chez certains enfants que nous accompagnons, un vide de la pensée qui s'exprime par des *« je ne sais pas, j'ai oublié »* ou par des reformulations contraires à celles que nous avons énoncées.

Par contre, à partir du moment où l'élaboration peut se faire, l'élocution apparaît aisée, riche d'analyse et d'une maturité étonnante, parfois sous forme de logorrhée mais habilement construite.

Attitude de parentification

Objectif de travail

- retrouver sa place d'enfant
- laisser à l'adulte ses responsabilités de parent

Pratiques et paroles

« J'ai eu l'impression que c'était moi le père et lui l'enfant. »

Estelle, quinze ans, raconte que, sous l'effet de l'alcool, sa mère a amené un homme à la maison, lui-même alcoolique. Estelle n'a eu de cesse que d'empêcher une relation sexuelle entre cet homme et sa mère, en « appelant celle-ci toutes les cinq minutes ».

Nous lui proposons de montrer ce qui la préoccupe et ce qu'elle a ressenti.

Elle choisit un « nounours » pour la représenter, un « perroquet » pour représenter sa mère et « la mort » pour représenter « l'homme ». Elle installe entre eux une écharpe rose et blanche. Une écharpe noire symbolise sa relation à sa mère. Elle ne met aucune écharpe entre elle et « l'homme ». Près de sa mère, elle pose une « araignée » qui représente l'alcool. Près de l'homme, elle pose une « blatte » pour l'alcool.

Près d'elle, un « masque vert hideux » représente sa colère, et un « masque marron », sa peur. Elle ajoute avec agacement, au milieu de l'écharpe rose et blanche, un « coquillage[42] » qui représente « l'acte sexuel » qu'elle pré suppose entre eux et dont elle veut protéger sa mère.

42. « La coquille, évoquant les eaux où elle se forme, participe du symbolisme de la fécondité, propre à l'eau. Son dessin et sa profondeur rappellent l'organe sexuel féminin. (…) la coquille, présente sur le plan symbolique, le double aspect érotique et fécondant. » J. Chevalier et A. Gheerbrant, *Dictionnaire des symboles*, Robert Laffont, 1982.

Les autres enfants réagissent : *« c'est comme si c'était toi la Mère... »*. Le comportement d'**Estelle** illustre le **concept de parentification** qui traduit l'idée que les rôles entre parents et enfants sont inversés.

Nous montrons, à l'aide des objets, qu'**Estelle** ne peut pas empêcher ce qui doit se passer entre sa mère et son ami, quel que soit leur état.

Nous l'invitons à reprendre sa place d'enfant et à demander à aller dormir chez une amie si cette situation se reproduit.

Le père de Julien lui donne l'injonction de se lever pour accompagner sa sœur à l'école. Ce dernier, ayant trop bu la veille, n'arrive pas à se réveiller à l'heure. Cette situation oblige Julien à une vigilance accrue et récurrente dans le temps.

Son père lui demande d'être « gentil avec lui » ; ceci sous-entend le fait que s'il n'accepte pas, il se rend coupable de ne pas aider son père défaillant...

Nous visualisons cette situation, en posant derrière le père de nombreux objets qui représentent ses responsabilités de parent. Les enfants réagissent ensemble pour dire : *« il y en a trop, il ne peut pas avec son alcool »*.

Nous déplaçons alors la plupart des objets vers Julien puisqu'il endosse ces responsabilités.

L'un des enfants remarque : *« c'est comme si les enfants devenaient des parents »*. Un autre ajoute : *« ça ne se peut pas!! », « c'est pas possible, c'est trop lourd pour Julien!! »*

Paul remarque que l'objet qui représente **Julien** s'effondre et il s'inquiète : *« attention, il faut que Julien reste debout!! »*

La visuaalisation permet à **Julien** de mettre des mots sur les ressentis inhérents à cette situation et l'aide à trouver des stratégies pour reprendre sa place d'enfant, lorsqu'il va chez son père.

Estelle, qui vit seule avec sa maman alcoolodépendante, assure presque en permanence la maintenance de la maison : courses, lessive, repassage, repas...

Éclairages

Nous constatons alors combien la personne alcoolique reste elle-même l'enfant de ses propres parents. Elle accède difficilement au **statut d'adulte**, ne supportant ni la frustration, ni la séparation. Il s'ensuit une difficulté évidente à assumer une fonction parentale.

Si l'adulte-parent alcoolo dépendant est, comme tout un chacun, en mesure de produire de la pensée abstraite, il a des difficultés à l'organiser. Il ne réagit souvent qu'à partir du petit enfant en lui qui continue à souffrir.

En conséquence, lorsque la personne alcoolique s'arrête de boire, il est difficile pour le système familial de lui redonner sa place initiale, son autorité.

À partir de l'approche systémique, nous pouvons dire que l'alcool est devenu le ciment du couple.

L'adaptation à la réalité parentale se fait au détriment de la propre structuration de l'enfant, à travers non seulement une identification à des modèles souffrants, mais aussi à une vision du monde négative. Cette identification donne le ton de l'adulte en devenir si l'enfant ne prend pas soin de redonner à son parent, sur le plan symbolique, tout ce qui a pu l'encombrer et qui ne lui appartenait pas.

L'enfant, qui n'a pas été reconnu dans sa souffrance, s'est en effet habitué peu à peu à occuper de fait une **place de victime.** Ce positionnement peut avoir pour effet :

- de susciter de la part des autres de l'agressivité à son égard, voire des situations d'agression ;
- de le mettre en position difficile de témoin passif face à la vie, puisqu'il a assisté en spectateur impuissant à la dégradation de la personne qui s'alcoolise.

Il passe à côté de son enfance, se confond avec l'adulte puisqu'il se fond dans lui.

Certains enfants que nous accompagnons se sentent parfois en dette envers leur parent, malgré les carences affectives dont ils font l'objet. Nous entendons par-là, qu'en eux, s'inscrit le message qu'ils n'en font jamais assez pour permettre la guérison de leur parent (pas assez sage, pas assez bon à l'école, pas assez obéissant).

Le moindre effort du parent pour se soigner est vécu comme un don qui leur est fait, doublé d'une preuve d'amour pour eux : *« maman dit qu'elle se soigne pour nous », « papa affirme que sans nous il ne serait déjà plus là. »*

Avoir le sentiment d'être responsable de la vie de leur parent est lourd pour ces enfants et les immobilise dans une peur de « mal faire » ou de « faire de travers ».

Cela inverse les processus relationnels à l'œuvre habituellement : c'est l'enfant qui doit pouvoir compter sur son parent pour être protégé, maintenu en vie, être aidé à grandir et non l'inverse.

Le travail de visualisation nous montre combien chaque enfant croit, à un moment donné, être le seul à pouvoir sauver son parent. Par une pensée répétée de manière obsessionnelle, par un comportement exemplaire, il a l'impression d'acquérir un immense pouvoir.

L'autoculpabilisation nous semble être le contrepoint de cette toute puissance infantile. En effet, l'illusion qu'a l'enfant d'avoir le pouvoir d'empêcher le pire s'effondre au fil des échecs répétés. Il s'interroge sur ce qu'il a fait de mal ou qu'il n'a pas fait, « pour que ça ne marche pas ».

La réalité, en le confrontant régulièrement à son impuissance, génère un sentiment à la fois **d'abandon**, **d'insécurité** et de **culpabilité** de ne pas y arriver.

Objectif de travail

- construire son arbre généalogique pour accepter son affiliation

Pratiques et paroles

« C'est étonnant ! On retrouve l'alcool plein de fois dans mon arbre !! »

Nous dessinons avec **Samia, onze ans,** un génosociogramme. Nous notons avec elle en même temps les personnes signifiantes et les relations entretenues tout au long de l'histoire familiale.

La mère de **Samia** est d'origine marocaine. Celle de son père, alcoolo dépendant, est bretonne.

On retrouve du côté paternel une filiation sous l'emprise de l'alcool.

Nous faisons du lien avec la culture en Bretagne qui admet aisément une consommation excessive et dont les codes s'organisent même souvent autour de ce rituel.

Il ne s'agit pas de minimiser le ressenti de l'enfant et la souffrance qui est la sienne mais de replacer la prise d'alcool dans un contexte et de produire de la pensée qui fait sens.

Samia a peu de contact avec sa famille paternelle et ne connaît que très peu son histoire en dehors d'une constante alcoolique qui lui aurait été parlée par ses parents.

Nous regardons ensuite la branche maternelle. La mère de **Samia** ne pratique pas la religion musulmane et semble même peu affiliée à sa culture familiale maghrébine.

Malgré tout, on retrouve une sœur de la mère qui porte le foulard et qui sert de modèle identificatoire à **Samia,** d'après les propos que cette jeune nous rapporte.

Samia cherche, à travers elle, à comprendre son histoire culturelle et à en dégager des aspects qu'elle peut s'approprier en tant que fille marocaine. Depuis peu, **Samia** ne mange plus de porc.

Cette tante est mariée à un homme d'origine maghrébine qui souffre d'une dépendance à l'alcool. Nous évoquons les sourates du Coran que **Samia** étudie avec sa tante et relevons ensemble que l'attitude de son oncle agit en transgression par rapport à la religion musulmane.

Samia s'arrête sur ces contradictions et observe en même temps que sa mère, comme sa tante, ont choisi un homme alcoolique, en dépit de leur culture différente.

Au fur et à mesure de la réflexion qui se dégage en regardant cet arbre généalogique, **Samia** parle de relations conflictuelles au sein de sa famille maternelle. Elle situe elle-même ces conflits au niveau de l'identité et de l'influence de la France en ce domaine, car elle entend des paroles qui vont dans ce sens.

Samia, progressivement, nous montre que d'autres membres de la famille de sa mère boivent ponctuellement, mais elle doute du fait qu'ils soient alcooliques.

Nous restons avec elle sur ces points d'interrogation, car il ne s'agit pas de généraliser un comportement en conduite addictive de manière rapide et systématique.

Génogramme simplifié fait par Samia.
Elle cherchait à identifier les personnes de sa famille proche, touchées par une dépendance à l'alcool.

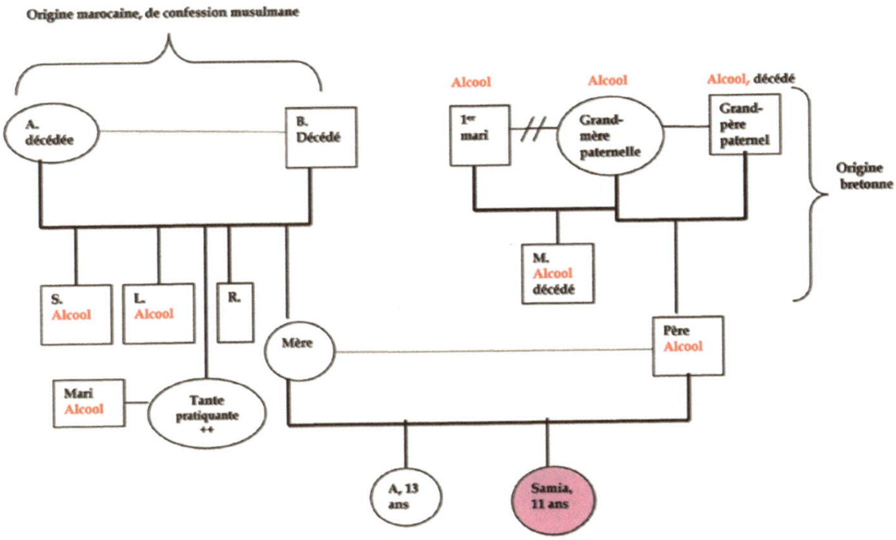

Éclairages

Le travail sur la généalogie permet d'évaluer l'état de connaissance des enfants, concernant leurs trajectoires familiales, sociales, culturelles.

Il permet à l'enfant de « se raconter une histoire », la sienne, qui est en même temps interdépendante de ceux qui l'ont précédé et unique par le fait qu'il vit aujourd'hui dans un contexte et une époque donnée spécifique.

Écrire sur l'arbre favorise la remémoration, la prise de distance, la conscience de son affiliation. Les places et rôles de chacun peuvent être redéfinis au regard des générations ainsi photographiées.

Nous travaillons donc avec les enfants les éventuelles répétitions, ou au contraire le peu de transmission dans les familles, les rôles et les places, au fil du temps qui passe.

L'alcool est souvent inscrit dans cette filiation et camoufle des histoires liées à des déchirements, des conflits de loyauté non élaborés.

Il semble que les personnes alcooliques projettent sur leur environnement, dont l'enfant fait partie, des désirs non structurés, libérés de tout fantasme ou de toute ritualisation. Ces désirs peuvent être, même si ce n'est pas systématique, l'expression brute de la pulsion sexuelle, faisant fi des structurations fondamentales, comme l'interdit de l'inceste et la barrière entre les générations.

La famille, dont l'un des membres est dépendant de l'alcool, s'organise à partir du manque, sur plusieurs générations. La culture ou l'identité familiale est constituée à partir de l'anticipation de ce manque : manque d'argent, de sexe, d'amour, de relation, de reconnaissance et de réussite. Ce sont des représentations intersubjectives et partagées en famille.

Les conduites alcooliques suppriment les rituels familiaux ordinaires, vecteurs de la transmission transgénérationnelle.

On constate, de ce fait, une **totale dépendance** de la personne alcoolique à sa famille d'origine, liée à l'impossibilité de différenciation, à la confusion des places occupées par chacun, au manque de rituel organisé pour passer d'une étape à une autre, d'un stade à un autre.

Cela peut se traduire par le fait de nier une génération dans le sens d'une alliance entre grands-parents et petits enfants, escamotant la génération parentale, invalidant le couple dont l'un des membres est alcoolique, signant la confusion quant à l'alternance des générations et des frontières générationnelles.

Entre-deux culturel

Objectif de travail

- reconnaître les mythes fondateurs de l'identité
- établir une passerelle entre les cultures pour donner du sens aux soins

Pratiques et paroles

« Je vous remercie de l'intérêt que vous portez à ma culture, c'est votre force ici. », nous dit un papa africain.

Le père de **Bintou, quinze ans,** est guinéen. Il a jeté du citron sur elle pour la protéger des mauvais esprits, après un accident de voiture où ils étaient ensemble.

Elle nous dit que son père protège sa maison des esprits malfaisants en mettant de l'eau devant les portes. Il possède également une vierge Marie sur son trousseau de clés. **Bintou** dit de lui qu'il est issu d'une famille musulmane (grand-père marabout), qu'il croit en Dieu, mais n'a plus de religion. Elle le décrit comme superstitieux.

Il est à noter que le problème d'alcool de ce père prend sa source au moment de l'exil. Cet homme a de fait des troubles liés à son identité.

Nous avons invité **Bintou** à interroger son père, non pas sur la question de l'alcool, mais sur sa trajectoire familiale et culturelle.

Elle a témoigné de beaucoup d'émotion vécue à travers cet échange, qui séparait en même temps « l'homme de son problème » et qui redonnait vie quelque part à ce qui se référait à l'identité profonde de cet homme.

En même temps, **Bintou** rapporte combien l'identité familiale de son père, définie par un nom de famille ayant un sens particulier en Afrique, lui donne, à elle, un **sentiment de force et d'affiliation.** Elle nous dit : *« je suis capable de me protéger, parce que j'ai reçu cette force qui me vient de ce nom que porte mon père ».*

Le père de **Laura, douze ans,** est d'origine martiniquaise. Il est arrivé en métropole à l'âge de 18 ans et a aussi commencé à boire à ce moment-là.

La mère de Laura, qui traverse un épisode dépressif, dit que son mari la traite de sorcière.

Lors d'une visualisation, **Laura** parvient à montrer la honte, la haine et la peur qu'elle ressent. Elle dit avec force : *« je n'aime pas mon père ».*

Nous comprenons qu'elle perçoit la « maladie alcoolique » comme un virus, un microbe ou un esprit femme qui ensorcellerait son père.

En reconnaissant les croyances qui sont les siennes mais qui la tétanisent, nous tentons d'en introduire de nouvelles, les nôtres, non pour les lui imposer, mais pour que la représentation du problème se nourrisse d'altérité et atténue ses peurs.

Madimoussa, huit ans, dont le père est Sénégalais, d'ethnie Wolof, parle *du gri-gri qu'il a autour du cou, en disant que c'est son oncle qui le lui a donné pour le protéger, (sous-entendu de l'alcool). Il est question là de donner à l'enfant un objet qui a pour sens d'éloigner le mal.*

Nous avons ensuite, en présence de l'enfant, évoqué cet aspect des choses avec le père :

- d'une part, pour reconnaître comme crédible ce que fait la famille ;
- d'autre part, pour expliquer au père le lien que nous faisons entre la prise en compte de sa culture et le travail que nous nommons, nous, « symbolique » à partir de « notre culture » et de l'utilisation d'objets.

Le père de Madimoussa nous a offert à chacune, pour nous remercier, et à titre de reconnaissance de sa part cette fois, un objet « symbolique » fabriqué par ses soins (il est styliste). Il s'agit d'une trousse en tissu, traditionnellement utilisée pour le tabac, différente pour chacune d'entre nous, ayant pour motif des images qui ont du sens en Afrique.

Lors d'une autre séance, **Madimoussa** raconte un cauchemar : il dit avoir vu une personne morte. Il en fait le récit à son père, qui lui donne un autre gri-gri appartenant à son propre père décédé. Il a dit quelques prières en wolof et a craché sur le gri-gri ainsi que sur les cheveux de son fils. Selon l'interprétation de **Madimoussa,** le sens accordé à ce gri-gri est de veiller sur son sommeil.

Madimoussa souhaiterait que son père écrive les prières afin de ne pas prendre le risque de les oublier. Il ajoute que lorsque quelqu'un décède, il rejoint le monde des esprits.

À aucun moment, nous ne laissons entendre à la famille ou à l'enfant que cette pensée est la nôtre mais nous reconnaissons qu'elle est vraie pour eux. Nous ne sommes pas non plus légitimées pour travailler avec ces croyances-là et ne nous permettrions pas de jouer aux « apprentis sorciers ». Nous nous contentons simplement de les reconnaître comme pertinentes au lieu où elles se pensent.

Ainsi, l'enfant « ose » parler de la pensée familiale, qui n'est pas la pensée dominante de notre pays. Elle sort de ce fait un peu du silence et de la honte intériorisée. Les autres enfants peuvent entendre ainsi la *différence* et la considérer sur un terrain d'égalité.

Éclairages

Le témoignage de **Madimoussa** permet d'évoquer l'existence de rituels codifiés selon les cultures. Différents récits viennent confirmer combien les croyances et mythes familiaux contiennent de sens.

Julien parle d'un rituel de « pâques orthodoxe russe » : sa grand-mère maternelle est d'origine slave et maintient cette tradition chaque année. La famille se rend à l'église jusqu'à minuit, puis passe la nuit à manger, boire de la vodka et porter des toasts. Ce soir-là, la grand-mère boit d'avantage que d'habitude. Elle n'est absolument pas « malade de l'alcool ». Cela nous a permis d'aborder la différence entre la dépendance alcoolique et la prise d'alcool festif occasionnel.

Une autre fois, **Julien** raconte au groupe un voyage professionnel de son père au Togo. Ce dernier, d'origine française, a participé à un rituel lui permettant d'être protégé pendant son séjour du fait qu'il y venait pour la première fois.

Les personnes du village se sont mises en cercle autour d'un mouton sacrifié. Le père de **Julien** a dû marcher dans le sang pour que les esprits le protègent.

De même, les enfants rapportent, après avoir vu un reportage à la télévision, que chez les Massaïs, lorsqu'on devient majeur ou au moment du mariage « on doit tuer un lion tout seul pour montrer que l'on est un homme ».

Il est question de marquer le temps, les étapes de la vie, les événements importants par un acte symbolique qui, en se répétant, prend un sens collectif. C'est une forme **d'étayage groupal** qui aide à la construction de l'identité.

Le fait d'évoquer différentes cultures nous a permis de rechercher avec les enfants les rituels spécifiques à la culture française.

Nous en sommes venues naturellement à évoquer tout ce qui se passe et se répète au moment de la prise d'alcool qui fait loi dans la famille.

Les témoignages des enfants nous permettent de pointer les différents rituels à l'œuvre concernant la personne dépendante :

- *« papa prend de la bière tous les soirs à la même heure et toujours devant la télévision, avant le repas ;*
- *quand maman boit de l'alcool, elle remplit la bouteille d'eau pour me faire croire qu'elle n'a pas bu. C'est comme ça que je sais qu'elle me ment ;*
- *chaque fois que maman veut boire, elle dit « je sors les poubelles. »*

Les enfants (co dépendants) mettent aussi en place des rituels autour de l'alcool, pour se rassurer, se sentir utiles et plus efficaces :

- *« lorsque je rentre de l'école, je vais directement regarder dans les cachettes où maman cache les bouteilles. Je regarde si le niveau du produit a baissé ;*
- *j'ouvre le réfrigérateur dès que je rentre à la maison, pour voir s'il y a des bouteilles d'alcool en réserve. »*

Ces pratiques, qui se rejouent sans cesse à des moments précis de la vie, font corps avec l'identité de chacun des membres de la famille et vont induire, à l'image de la culture, une manière spécifique d'être au monde.

Tableau récapitulatif

Problématiques	Objectifs	Thèmes travaillés sur le plan clinique
Angoisse de maladie et de mort Les peurs, le chaos, l'imaginaire	Travailler sur l'illusion de la toute-puissance infantile, le fantasme de l'immortalité, le sentiment de culpabilité.	L'alcoolo dépendance : une maladie ? Un syndrome? Concept de dramatisation.
Fusion - Confusion - Co dépendance	Pouvoir se différencier.	Impossibilité à vivre des séparations.
Discours et attitudes paradoxales	Apprendre à les reprérer, à les nommer, à s'en distancier.	Non-fiabilité de l'autre. Déséquilibre psychique.
Contrôle et surveillance	Lâcher prise.	Développement d'une posture à tendance obsessionnelle.
Violences reçues	Élaborer sa pensée.	Rapports de force dans les relations. Clivage.
Déni - Dénégation	Mettre en mots le problème.	Banalisation du problème. Perte de confiance en soi et en ses ressentis.
Somatisations	Passer du non-verbal au verbal.	Langages du corps.
Troubles de la cognition Défaut de représentation	Prendre de l'assurance grâce à l'étayage du groupe.	Sentiment d'abandon. Trouble de la pensée logique (espace, temps).
Attitude de parentification	Retrouver sa place d'enfant. Laisser à l'adulte ses responsabilités de parent.	Maturité précoce. Auto-culpabilisation. Surresponsabilisation.
Répétitions transgénérationnelles	Construire son arbre généalogique pour accepter son "affiliation".	L'alcoolisme : élément de transmission ? Fatalité ? Héritage ?
Entre-deux culturel	Reconnaître les mythes fondateurs de l'identité. Établir une passerelle entre les cultures pour donner du sens aux soins.	Prise en compte des pratiques de soin, "ailleurs".

La souffrance banalisée des enfants de parents alcoolo dépendants

En matière de prévention, le souci majeur est que les comportements addictifs ne soient pas répétés par les enfants qui ont un ou deux parents alcoolo dépendants.

Nous avons relevé dans la littérature (à dominante anglophone) que le risque potentiel, pour ces enfants, serait un développement psychoaffectif perturbé avec un *sentiment d'insécurité prédominant.* Celui-ci peut se décliner de *deux manières* différentes :

- par des attitudes empreintes d'agitation permanente, agitation qui entrave la concentration ;
- ou au contraire, par un comportement pouvant s'apparenter à des symptômes dépressifs.

Dans les deux cas, la pensée est bloquée.

La non-reconnaissance de toute l'énergie dépensée par l'enfant pour combattre l'alcoolisation du parent peut avoir des conséquences multiples, telles que :

- grandiloquence ou complexe d'infériorité ;
- recherche d'approbation ;
- loyauté extrême envers quiconque par peur du rejet ;
- activités égocentriques pour lutter contre l'envahissement supposé de l'autre ;
- euphorie, excitation ou retranchement ;
- désespoir ;
- trop grand sérieux.

Ce dernier paramètre laisse souvent entrevoir le côté visible de l'iceberg, à savoir des enfants **perfectionnistes et brillants** scolairement, des enfants dont « on ne parle pas ».

Ces enfants qui « tiennent le coup », parce que, très tôt, la vie les a éduqués ainsi, sont davantage dans la **survie** que dans la construction d'une vie harmonieuse et adaptée à leurs besoins. Pourtant, certains deviendront des enfants résilients qui, à partir de cette expérience, vont élaborer un projet de vie.

L'objectif de notre travail n'est pas d'aider les enfants à « parler pour parler », mais de leur donner la possibilité de « s'entendre dire », de prendre appui sur ce qu'il y a de bénéfique, de fort, en eux. En ce sens, le groupe peut devenir « tuteur de résilience[43] ».

La nature des sentiments exprimés au sein d'une famille à transaction alcoolique

Nous proposons de regarder ensemble ce qui peut se passer dans les **relations** qui s'échangent en milieu alcoolique ainsi que les **sentiments** qui s'y partagent.

Nature des sentiments du parent alcoolo dépendant vers l'enfant

Ce qui nous semble dominer chez l'adulte aux prises avec l'alcool, c'est une grande immaturité affective qui fait que l'enfant doit remplir un vide dans un besoin insatiable de fusion, contenant l'idée du même.

Être alcoolique, c'est dire au monde sa difficulté de séparation avec autrui, liée directement à celle de « tenir debout » seul ; c'est laisser entendre sa peur de perdre l'amour de l'autre en étant abandonné. L'affectif est une histoire sans fin et sans compromis possible, qui traduit un besoin d'absolu, à l'image des paroles de **Coralie, 10 ans**, sans doute empruntées à la représentation qu'elle a de son père qui boit : *« je suis ici pour sortir du rien et aller vers le tout »*.

La personne alcoolo dépendante s'est fabriqué une « carapace émotionnelle » pour tenter d'éviter les débordements susceptibles « d'effondrement », qui se traduisent par des sentiments tour à tour positifs et négatifs à l'égard de l'enfant. Tout cela est marqué par la démesure, la fluctuation permanente.

L'adulte en question est dans une gestion maladroite et excessive de son ressenti et ne peut accepter le contradictoire, sous peine d'être gravement déstabilisé.

Tout éloignement supposé de l'enfant implique potentiellement un « drame » à venir, une mort possible.

La peur exacerbée du manque est toujours présente. On peut supposer que toute l'organisation psychique va avoir pour objectif l'évitement de cette angoisse du manque (manque de l'autre en général, d'amour, de reconnaissance). Nous avons pu observer qu'elle est **transmise en direct** à l'enfant de manière complexe.

La personne alcoolo dépendante a du mal à se décoller de ses affects par le biais de la pensée abstraite. Cette dernière est perçue comme dangereuse car pouvant apporter une supposée compréhension du problème qui la rend « dépendante » et qui peut amener à remettre en cause des personnes chères, un système familial. Cela reviendrait à oser se différencier et « trahir » un proche, un milieu, une culture.

43. J. Lecomte, *Guérir de son enfance*, Odile Jacob, 2004.

Poser des mots sur une problématique, la sienne en l'occurrence, peut produire de la culpabilité et renforcer l'envie de recourir au produit salvateur, qui empêche de penser à ce qui fait mal.

En tout état de cause, **l'idée du tiers fait défaut à** la personne alcoolo dépendante et c'est peut-être l'alcool qui joue ce rôle afin que **la quête d'amour insatiable** dont nous avons parlé puisse être momentanément apaisée.

On peut faire l'hypothèse d'un traumatisme grave vécu lors de l'enfance et refoulé. Ce peut être d'avoir été enfant de parent alcoolique avec les conséquences multiples que cela comporte, notamment au niveau de la confusion et du non-dit.

Il peut être question de secrets autour d'un suicide, d'absence de filiation claire, de problèmes d'identité, de perte affective forte (le décès de l'un des parents par exemple).

On peut s'interroger sur la qualité des rituels à l'œuvre, servant à marquer le temps et l'histoire du groupe familial.

Nature des sentiments de l'enfant vers le parent alcoolo dépendant

On retrouve les sentiments reproduits à l'identique du côté de l'enfant. Ils s'inscrivent dans l'incertitude, le doute, la peur exacerbée du lendemain, d'où une problématique repérée autour de la « co dépendance ».

Ceci se vérifie dans les comportements adoptés qui visent le contrôle exercé par l'enfant dans les domaines que le parent n'a plus la capacité d'assumer, du fait de son alcoolisation.

L'ambivalence amour/haine est totale vis-à-vis du parent alcoolique. L'enfant répond à la demande explicite ou implicite « d'être parfait ». Cela s'inscrit dans ses mimiques faciales, tandis que son corps, lui, exprime des somatisations quasi permanentes.

L'enfant a toujours le sentiment qu'il doit **faire ses preuves** pour être accepté, puisqu'il n'est pas parvenu à « sauver son parent malade ». Il en découle un manque de confiance en l'Homme, en l'Autre et en Soi.

L'enfant se présente souvent à nous, dans nos ateliers, à l'image du désir de sa famille, c'est-à-dire comme un enfant hyperadapté et qui ne fait pas parler de lui.

Sa personnalité est empreinte de la maturité qui fait défaut à son parent alcoolique. Il endosse un *faux self*[44] qui lui fait croire à la toute-puissance de l'amour

44. Concept élaboré par D.W. Winnicott : le « *faux self* » correspond à tout ce qui, chez une personne, est en « toc » ou faux-semblant. Le *faux self* fonctionne comme protection contre l'angoisse et les agressions mais est aussi révélateur d'un déséquilibre profond. Le vrai « *self* » représente par opposition la part vivante, spontanée, inventive de la personne.

qu'il porte à son parent. Toutefois, comme il ne parvient pas à le soigner, et encore moins à le guérir, il développe une **culpabilité grandissante** à la mesure des rechutes dans l'alcool.

Il vit, comme en écho, les « chauds et froids » consécutifs à l'attitude du parent face au produit : *« il boit moins, il va s'en sortir »* ou *« il a recommencé, il peut mourir »*.

C'est la raison pour laquelle le concept de « maladie alcoolique » nous est apparu, concernant l'enfant, comme générateur de confusion et de grande responsabilisation : il renforce, non seulement, la peur de la mort qui peut survenir, mais le devoir de l'enfant de faire en sorte que son parent puisse y échapper.

L'enfant dépense toute son énergie **à se fondre, à se confondre** avec la personne « malade », en craignant et en souhaitant en même temps attraper lui-même le virus de l'alcool afin de soulager son parent ou de mourir quelque part avec lui.

La nature des relations au sein de la famille

La personne alcoolique, nous l'avons dit plus avant, est dans une grande émotivité contenue. En projetant sur l'autre ses propres ressentis, elle induit **une non-différenciation** par le manque de limites, le manque de contenant de sa propre enveloppe psychique.

Elle se perd dans l'autre parce qu'elle est perdue en elle-même. Les relations intrafamiliales sont marquées par cette difficulté de recul, de distanciation, de don irrationnel de soi. De la même manière, ce qui est attendu en retour est excessif.

L'enfant passe son temps à vouloir rendre au parent ce que celui-ci lui offre en terme de démesure. L'idée du cadeau se fait par-là même ambivalente : offrir, c'est faire un don, c'est faire plaisir à l'autre. Mais si l'acte de donner est générateur d'attentes, de reconnaissance infinie ou s'il sert à étouffer un ressenti négatif, il devient alors le signe d'une **impossibilité à être soi.**

Après un épisode alcoolique marqué, le parent peut avoir tendance à noyer le ressenti de l'enfant dans le don matériel.

La relation se trouve alors entachée du « faire semblant » : faire semblant d'avoir oublié ou de n'avoir pas vu, de n'être pas touché ou de banaliser les affects au lieu de les exprimer.

En terme de relation perturbée, on relève aussi cette présence/absence du parent alcoolique qui induit chez l'enfant un trouble de la cognition : il pense son parent présent au domicile mais celui-ci montre sous l'effet de l'alcool une absence qui fait que l'enfant ne le reconnaît plus.

En effet, qu'est-ce que l'éloignement, à partir du moment où la présence est absence ? On parlera ici de clivage, tant concernant la personne alcoolique qui montre une double personnalité, que pour l'enfant qui doute en permanence de ce qu'il voit dans la réalité. Il est en effet très peu souvent confirmé par l'adulte en question.

Il peut s'ensuivre pour l'enfant **un défaut de représentation** qui entraîne **un trouble de la relation,** un dysfonctionnement du lien.

Ce défaut de représentation crée un sentiment de non-permanence de l'autre en soi, avec une impossibilité de transposer cette sécurité-là dans la réalité.

L'enfant fait une fixation sur l'objet (canette, bouteille) pour se rassurer lui-même de ce qu'il sent, tant au niveau olfactif qu'au niveau de ses affects. Il cherche, il contrôle le niveau du produit ingéré au fil de la journée.

Le moindre contretemps affole le parent alcoolique, le met en danger puisque son désir de tout maîtriser, à l'origine de son rapport au produit, reste entier.

Afin de ne pas « perdre pied », car la consommation excessive d'alcool altère les fonctions cognitives, l'adulte peut développer une rigidité de la pensée qui se traduit dans la relation à l'enfant par des consignes sans signifiant ni logique.

Nous avons le souvenir d'un père qui, sous l'effet de l'alcool, réveillait son fils à une heure avancée de la nuit afin que celui-ci sorte les poubelles.

Un **lâcher prise impudique** a également pu s'observer chez certaines personnes alcooliques qui, sous l'effet de la prise d'alcool, considéraient leur enfant comme un adulte et le traitait comme tel : on a pu entendre des propos teintés de sexualité débridée, confuse.

Ainsi, en était-il d'un autre père qui s'adressait à sa fille adolescente en ces termes : « *ton petit ami est ton frère, car il y a longtemps, j'ai fait l'amour avec sa mère* »...

La relation avec une personne alcoolo dépendante est toujours susceptible de rupture, du fait du peu de négociation avec l'altérité.

Cette difficulté invalidante, faute d'élaboration de pensée qui consisterait à se délier pour aborder une relation saine, provoque une **sidération** par rapport au sens de la vie et aux changements incontournables qu'elle suppose.

La fixation du problème ainsi posé se répète de génération en génération lorsque les personnes concernées n'ont pas pu regarder, mettre à distance et ressentir autrement, le vécu familial.

La consommation d'alcool serait donc un **mythe** sur lequel des codes et des valeurs s'organisent : même si ces valeurs sont floues, confuses ou vacillantes, elles n'en restent pas moins des composantes de la structuration d'adultes en devenir... de quelle identité ?

Les ex-enfants de parents alcoolo dépendants devenus adultes

Un parcours de vie « sans histoire »

« Je suis toujours sur le point de m'en aller car ainsi, je ne peux pas être abandonnée. Je ne serai jamais celle qui reste, celle qui se fait avoir. Je ne veux plus être humiliée ; si je suis en mouvement, je deviens intouchable, invulnérable... »
Geneen Roth[45]

Il était une fois... Alexia

Alexia est peut-être la collègue que vous côtoyez chaque matin au sein de votre activité professionnelle ou avec qui vous partagez des séances de gym tonic en soirée.

Elle est, en tout cas, souvent **dans l'ombre d'une histoire qui fait mal ;** c'est d'ailleurs bien pour cela que sa trajectoire est passée sous silence.

Alexia était dans le mi-temps de sa vie quand celle-ci a subitement marqué un temps d'arrêt.

Adulte depuis peu, ou bien en phase de le devenir, elle nous décrit un moment de panique où sa personnalité, jusqu'ici bien affirmée, a semblé lui échapper.

Son parcours sans failles pouvait susciter l'envie. De toute évidence, Alexia savait « gérer » son existence.

Petite fille, elle avait l'air d'une femme déjà vieille et trop sage. En dépit d'un problème de dyslexie, qu'elle a combattu très vite, elle s'est toujours appliquée à s'adapter, pour surtout ne pas faire parler d'elle.

Même si, lors de son adolescence, elle a multiplié les rencontres amoureuses, c'était toujours sans inquiéter son entourage, car elle avait l'habitude de conduire sa vie sans guide. Les autres, donc, « lui faisaient confiance ».

45. Témoignage d'une « ex-enfant de parent alcoolique devenue adulte », qui a développé une dépendance à la nourriture, *Lorsque manger remplace aimer*, Éd. de l'Homme, 1992.

Jeune adulte, elle est devenue une femme « dure », dans un excès de protection personnelle et ambivalente dans ses rapports à l'homme. L'idée du bonheur était étrangement liée à celle de la souffrance : un homme pouvait-il être digne de confiance ? Elle répondait que non. Par peur des débordements, elle maintenait ceux qu'elle aimait à distance.

Alexia avait fait des études longues qui lui avaient permis d'accéder au savoir et de servir, peut être en ce sens à ses enfants, de modèle identificatoire. On disait d'elle qu'elle était une « femme forte » et elle s'en glorifiait pour cacher habilement toute sa trajectoire et ses ressentis d'enfants, jamais exprimés, jamais élaborés. Elle faisait illusion.

Ce comportement de feu, cette détermination et cette énergie de vie cachaient en fait une **sorte de désespérance.**

Les fluctuations de son comportement étaient incomprises autour d'elle. Comme s'il fallait qu'elle ait toujours quelque chose à dépasser, à prouver, pour exister à ses propres yeux et à ceux des autres.

Ainsi, quand elle a « décidé » d'avoir des enfants, elle a choisi, dans un premier temps, un mari sécurisant, qui quelque part serait aussi pour elle le papa qu'elle n'avait jamais eu. C'est en tout cas comme cela qu'elle évoquait à mots couverts son père, alcoolique dans son souvenir depuis qu'elle avait sept ans ; elle définissait sa présence en terme d'absence, de déni, de non-représentation corporelle et psychique.

Sa vie de femme a été ponctuée de séparations multiples, qu'elle a initiées, car il s'agissait toujours pour Alexia d'être dans une **quête d'amour absolu,** idéal, c'est-à-dire non humain.

Peut-être que l'idée du divin aurait pu faire son chemin si elle n'avait pas eu un besoin démesuré de s'assurer du concret des choses, à partir de mots, de preuves d'amour jamais suffisantes, jamais contenantes à ses yeux. Il fallait qu'elle soit ancrée, qu'elle « tienne debout » en dépit des épreuves à vivre. Aucun homme, quels que soient les efforts déployés, ne pouvait la rassurer totalement.

Sa sexualité était le reflet de ce qu'elle avait intégré de son **image corporelle, morcelée, peu reliée, peu investie.**

Alexia nous a confié être devenue « femme » à 30 ans, bien après avoir eu des enfants. Elle était dans le « tout ou rien », dans la peur de l'abandon, tant de son corps à l'autre, que par rapport au sentiment d'amour en général.

À partir de là, se sont développées pour elle, de manière insidieuse et indicible, des angoisses autour de la maladie et de la mort, à travers une exacerbation du sentiment.

Dans la famille d'Alexia, on ne parlait pas de toutes ces choses car elles étaient entourées de secrets, de honte. Était-ce pour cela que sa mère, assumant longtemps seule l'éducation de ses enfants, avait donné elle aussi des signes de mal-être inquiétant ? Était-ce cela l'amour, être au plus près de celui qu'on aime, se perdre avec lui, dans la fusion, quel que soit le prix à payer ? Pouvait-t-on penser autrement, se différencier au risque d'être rejetée ?

La composante alcoolique avait d'ailleurs marqué sa lignée paternelle. Le sujet était tabou, faisait loi dans la famille et agissait comme une norme collective.

En tant qu'homme, on buvait parce que, dans cette région, prendre de l'alcool était convivial. C'était un mode de socialisation. Celui qui n'en prenait pas « trahissait » son monde d'origine, et se trouvait exclu.

On buvait pour affirmer sa virilité, sa présence au monde. C'était presque un rite initiatique à l'adolescence.

Les femmes étaient dans la plainte car toujours dans l'angoisse du soir à venir et des lendemains saccageurs. Mais elles étaient complices, servant immanquablement un verre de vin dès le matin à celui qui passait pour déposer le lait, le poisson, le gibier chassé de la veille ou pour rendre une visite amicale.

Contrairement aux enfants de cette région qui construisaient, le plus souvent, des maisons « collées » à celles de leurs parents, le père d'Alexia avait pris le risque, à l'adolescence, de partir ailleurs, au loin, guidé en cela par l'amour.

Mais il n'a pas pu négocier cet **entre-deux identitaire** et a « sombré dans l'alcool » pour tenter d'oublier toute une partie de lui-même qu'il avait laissé choir dans un coin de Bretagne.

Alexia ne buvait jamais, sans doute pour ne pas prendre le risque de se noyer, comme les siens, dans cet océan aux odeurs marines et à l'haleine fétide.

Sa dépendance était ailleurs et s'ancrait dans cette problématique particulière qui s'inscrit dans le manque vital, dans la difficulté à être, dans une urgence et un danger permanent à vivre.

Ainsi, quand Alexia choisissait d'être en relation avec un homme, la première de ses exigences était « qu'il ne boive pas ». Jusqu'à ce que la vie ne la rattrape et lui fasse rencontrer tardivement un compagnon qui lui fera revivre cette angoisse fondamentale qu'elle avait habilement évincée… de sa vie « sans histoire ».

C'était l'année, nous dit elle, de ses 45 ans. Ce fut pour elle comme une sorte d'effondrement : elle se confrontait enfin à l'origine de ses angoisses, longtemps refoulées et contenues dans le terme « alcool » dont jusqu'ici elle ne pouvait même pas prononcer le mot.

Elle a franchi là un premier pas vers la libéralisation de quelque chose de confus, de trouble, d'invalidant**. Elle a pris conscience d'une certaine réalité de son histoire qu'elle n'avait pas voulu voir**.

Alexia s'était « laissé prendre » à avoir de l'intérêt pour un homme alcoolo dépendant, et elle avait de fait rejoint ce père ignoré depuis tant d'années.

Ce père, sans doute aimant en son temps, mais dont le comportement avait poussé « l'amour » dans le vide. Alexia avait dû rayer son nom de l'histoire. Elle avait dû se construire non seulement sans lui, mais « contre lui », pour ne pas reproduire, pour ne pas mourir peut être. Elle avait mené sa vie d'une main de maître. Des mains, elle en avait partout chez elle, sous forme de dessins, d'objets de toutes sortes. Ces symboles parvenaient à la rassurer, à l'inscrire dans une chaîne de solidarité, à la guider vers un sentier qu'elle rêvait, non sans ambivalence, sans ronces mais plein d'épines.

Ces mains lui parlaient aussi de celles de sa grand-mère, qui, elles, l'avaient accompagnée il y a fort longtemps.

Alexia avait des souvenirs d'enfant, bien précis maintenant, où cette « sensation de perte » était incontournable.

La relation avec cet homme alcoolo dépendant, qui s'est arrêtée dans le fracas de mots et d'attitudes incohérentes, lui a fait vivre (revivre ?) un **état de sidération** pendant quelques semaines. Cette fois, elle n'était pas partie la première, et pourtant cette relation était réellement dangereuse pour elle.

C'est alors qu'elle a ressenti tardivement, à l'intérieur d'elle, ces tremblements imperceptibles qui tétanisent, qui immobilisent. Elle a entendu son corps parler, a ramassé les morceaux de son âme dispersée. Et puis, progressivement, Alexia s'est rendu compte que « tout cela n'était pas si grave… puisqu'elle n'en était pas morte ».

Le concept de « retentissement »

Nous avons, dans les chapitres précédents, évoqué, à différentes reprises, l'histoire de ces enfants qui deviennent adultes sans avoir pu être reconnus dans ce qu'ils ont vécu de traumatique au contact de l'alcool.

Dans le cadre de nos fonctions respectives, et du fait de notre écoute sensible aux questions de l'alcool, nous recevons régulièrement des témoignages d'ex-enfants de parents alcoolo dépendants devenus adultes.

Nous menons une réflexion sur ce thème depuis plus de quatre ans et il nous paraît aujourd'hui tout à fait urgent de le prendre en compte, par **la mise en place de groupes thérapeutiques spécifiques.**

En effet, le nombre de personnes concernées nous étonne.

La souffrance dont parlent les enfants que nous accompagnons s'est enkystée pour ces adultes au fil du temps ; intériorisée depuis l'enfance, elle provoque une **sidération au niveau des affects.**

Un petit enfant terrifié sommeille en cet adulte et c'est bien cette terreur qu'il s'agit d'identifier, de faire remonter à la surface du présent pour enfin pouvoir la mettre en mots.

L'état de sidération supposé s'exprime sous forme d'une souffrance indicible, impalpable mais sans cesse réactivée.

Il s'agit là **d'un processus lié au retentissement** : ce concept mérite d'être défini à la lumière du sens que nous lui donnons.

Nous faisons l'hypothèse que l'émotion consécutive à l'événement traumatisant s'est inscrite :

- d'une part, dans le corps;
- d'autre part, dans le psychisme et la structuration de la pensée.

Le retentissement est un processus inconscient, vécu dans le présent, induit par le comportement - messages, paroles, attitudes, gestes - d'une personne avec qui l'on est en relation ponctuelle ou installée.

L'ampleur de l'émotion ressentie, face à un comportement particulier, est le signe qu'une blessure ancienne, non cicatrisée, voire non identifiée, est réveillée.

Le moment de la rupture, décrite par Alexia, nous montre bien comment le comportement de cet homme alcoolique a rejoint celui de son père : paroles contradictoires, fuite, départ brutal, attitudes paradoxales, violence psychologique.

La situation, vécue dans le présent, a créé une **émotion intense** (désespoir) chez Alexia, qui était le signe qu'une **blessure ancienne** était réveillée. Cette blessure, déjà inscrite dans un premier traumatisme (insécurité affective fondamentale), a entraîné cet état de sidération consécutif au choc de la séparation non prévisible, non élaborée.

Le fait d'avoir été confrontée à ce qu'elle redoutait (l'alcool) a provoqué une vraie rupture avec un passé qu'elle avait « tenu sous contrôle » depuis des années.

En identifiant ce retentissement, elle a rompu en même temps avec une forme d'amour complexe qui exclut soit l'attirance réelle pour l'autre, soit l'impossibilité de vivre le bonheur proposé.

Le processus du retentissement peut donc être induit non seulement par le comportement de l'autre, mais aussi par son langage ou par des situations spécifiques : l'odeur, la vue, l'ouïe et le toucher, qui sont marqués inconsciemment de cette empreinte entachée de souffrance.

Nos émotions sont des langages. Leur intensité n'est pas liée à l'attitude de l'autre, mais à ce qui est touché, réactivé chez celui qui la vit.

Prenons l'exemple d'un enfant qui voit son père, dans un jardin, boire au goulot d'une bouteille, sous un ciel bleu turquoise.

En même temps que cette couleur, associée généralement à la **chaleur** du soleil, s'offre à son regard, il ressent une douleur violente, doublé d'un sentiment **glacial** d'impuissance, due au choc émotionnel lié à la vue de la prise d'alcool.

L'enfant va grandir en associant la couleur bleu turquoise, connotée de bonheur, à l'idée sombre qui s'est forgée en lui, reliée à la bouteille (cachée, vidée dans l'évier, portée avidement à la bouche de son parent alcoolique).

Bonheur et malheur vont peu à peu se fondre et se confondre jusqu'à ne plus pouvoir exister l'un sans l'autre. Les enfants que nous accompagnons vivent déjà l'enchevêtrement des deux, comme nous l'a montré Sonia au cours d'une visualisation.

Nous avons pris l'exemple de la vue, mais nous aurions pu tout autant prendre ceux relatifs à :

- *la mémoire de l'odeur :* le souvenir de l'haleine du parent en état d'ivresse se recherche inconsciemment, tout en le redoutant, dès qu'un esprit de fête se profile ;
- *la mémoire du son :* l'ouverture des canettes de bière résonne au moindre bruit similaire et renvoie au doute, au fait que tout cela se faisait « en cachette ». Il peut même arriver que l'attention exacerbée vis-à-vis de ce phénomène auditif, à travers une résurgence confuse, ait perturbé l'oreille fatiguée de se tendre. Le rapport à la musique, somme toute associé à la détente, peut être rendu sensible au point d'être dérangeant ;
- *la mémoire du toucher :* le soutien du parent qui titube, le corps qui n'est pas fiable, ont marqué d'ambivalence le contact physique à autrui.

Supposons qu'un enfant ait grandi aux côtés d'une mère alcoolo dépendante : il est probable que les mots d'affection, de tendresse en sa direction, aient été prononcés sous l'effet de l'ivresse, avec des attitudes discordantes. La mémoire émotionnelle de l'enfant aura enregistré ce double discours, mêlant langage affectif et brutalité du geste ; ce qui restera gravé sera **l'ambivalence du sentiment**. L'enfant peut alors rester « statufié » à l'intérieur de lui, impuissant face au clivage mis en scène par sa mère.

De fait, devenu adulte, il lui sera bien difficile de recevoir ces marques d'affection, sans ressentir une peur diffuse, une angoisse qui paraîtra souvent très disproportionnée face à la situation vécue dans le présent.

Son inconscient, son corps, auront conservé la mémoire émotionnelle des événements traumatisants vécus quand il était enfant et ils lui enverront des « signaux d'alarme » puissants.

Les symptômes et troubles observés chez les ex-enfants de parents alcoolo dépendants devenus adultes

Dans la relation affective le plus souvent, l'ex-enfant de parent alcoolo dépendant devenu adulte aura du mal à croire qu'on peut l'aimer sans le trahir, lui donner sans reprendre, être heureux sans que « **l'ombre de son parent alcoolique** » ne vienne susciter une détresse infinie ; détresse nourrie au fil du temps par l'impuissance, la honte, la fatigue psychique face à toute cette énergie… dépensée « pour rien ».

Souvent, ces adultes ont une vie intime qui reflète la **peur du manque :** elle pourra revêtir la forme d'une sexualité débridée, pour tenter de se « remplir », ou tout au contraire celle d'un corps qui se protège encore et toujours et qui est donc dans la retenue, voire la frigidité, pour éviter d'avoir à « perdre » ou de devoir « se perdre ».

Toutes ces sensations, en raison de leurs permanentes fluctuations, ont troublé la mémoire cognitive et peuvent engendrer des défauts de logiques, un rapport au temps ou à l'espace contrarié.

Il peut s'agir d'un défaut de représentation face à la présence-absence de l'autre ; comme l'enfant a intégré la non-stabilité en ce sens et la confusion d'un corps présent mais sous l'effet de l'ivresse, l'adulte qu'il est devenu n'a pas installé non plus en lui « l'idée de l'autre ».

Si le compagnon s'éloigne, c'est qu'il ne reviendra plus.

Pour certains adultes, une logique de pensée absurde s'est installée, totalement sous l'influence de l'imaginaire, nourrie d'angoisses et de peurs démesurées. Le conte écrit par les enfants, qui sert d'introduction à ce livre, illustre ces propos.

La retenue de tous ces ressentis contradictoires a laissé chez l'enfant grandissant des traces qui perturbent, adulte, la relation à l'autre. Le modèle identificatoire, qui est à la base des choix ultérieurs, est biaisé.

Chaque fois qu'une émotion se trouve stimulée par une situation même banale, celle-ci peut prendre la forme de celle qui a été vécue à partir de **l'emprise** d'alcool du parent.

La dépendance et, par là même, la co dépendance restent au cœur du problème. Dans la relation, l'adulte concerné aura tendance à reproduire, soit une situation fusionnelle, soit, par peur de l'excès, une relation trop distanciée. Par crainte du débordement, l'ex-enfant de parent alcoolo dépendant peut développer des attitudes de contrôle, afin de garder la maîtrise de sa vie et de celle des autres.

Pour se prémunir de l'insoutenable, il se verra confronté, à travers ces ambivalences, à une angoisse de mort, forme d'abandon déguisé, traduction indicible de l'image intériorisée du comportement du parent qu'il a eu pour modèle.

Une contradiction, quelques contrariétés, la moindre déstabilisation prennent des allures de **drame, de perte définitive, de deuil impossible mais incontournable.**

L'idée de séparation est souvent impensable puisque synonyme de chaos, de vide existentiel profond qui prend sa source dans une insécurité affective de base.

Nous percevons un paradoxe évident entre le désir de ces adultes de se fixer sur le plan affectif pour éviter tout changement et leur difficulté à croire que c'est possible et donc à le faire.

Ce paradoxe peut également prendre des formes d'angoisses fortes de « maladies en tous genres » ; l'enfant qu'il a été n'a-t-il pas été le témoin « d'un parent malade », d'un parent victime d'un produit qui fait loi, et qui, une fois encore, entrave tout projet constructif ?

Le **doute** a pris le pas sur la confiance en soi qu'il convient de réveiller en ces adultes, quelque part résignés, qui paient ainsi le prix de leur résilience.

“Malade” peut-être, mais de quoi ?

Nous avons, à maintes reprises, reconsidéré le terme de « maladie alcoolique », parce que les enfants nous ont montré à quel point ce concept ***« leur faisait de l'ombre »***.

Pourtant, à aucun moment, faut-il le redire, nous ne condamnons la personne en prise avec son problème. Nous l'accueillons avec bienveillance quel que soit son état et dialoguons avec elle sur un plan d'égalité, c'est-à-dire en la regardant comme un **sujet acteur** de son histoire, dont le comportement est perturbé par l'emprise d'une addiction.

À ce titre, nous ne « protégeons » pas la personne concernée et évoquons clairement la question de l'alcool que nous voyons, que nous sentons couler ou transpirer en elle.

Il n'y a en cela **aucun jugement de valeur.** La représentation que nous avons de cette dépendance est qu'elle correspond à un besoin de combler un vide incompressible relatif à un manque à être.

Nombreux sont les adultes rencontrés qui boivent « comme ils auraient voulu être aimés ».

Il nous revient en mémoire la phrase d'un enfant du groupe qui évoquait sa mère alcoolo dépendante en disant qu'elle était *« comme un poisson qui, lorsqu'il sort de l'eau, meurt d'air »*.

La question est donc bien de combattre sans cesse cette attirance du vide, du néant, afin de **tenter d'exister, de survivre**.

Nous savons néanmoins que l'addiction, quelle qu'elle soit, n'est pas soumise uniquement à la volonté de celui qui en souffre.

Les dépendances au tabac, au jeu, à la nourriture, à une relation, pour ne prendre que quelques exemples, rejoignent le thème qui nous préoccupe par le fait que le produit ingéré (ou mis en acte de manière compulsive) vient souvent calmer une angoisse indicible, dont l'origine n'est pas accessible d'emblée à la conscience.

Pourtant, nous n'entendons pas actuellement parler de « maladie tabagique ». La boulimie, l'anorexie sont décrites comme des « conduites addictives » sous-tendues clairement par un problème psychologique.

Les États de nombreux pays se comportent désormais à l'égard de la cigarette, comme si le sevrage était possible rapidement… puisque fumer est interdit dans la plupart des lieux publics. Le fumeur reste donc un sujet à part entière, sensé être capable de différer son besoin et de gérer son problème.

Imagine-t-on pouvoir se conduire de la sorte avec l'alcool ?

L'effet toxique du tabac sur l'entourage est maintenant reconnu ; la protection de l'environnement de la personne sous emprise de la cigarette détermine la norme en train de se faire jour : le fumeur est montré du doigt, stigmatisé, rejoignant en cela les minorités souffrantes.

Qu'en est-il de l'environnement de la personne alcoolique ?

En même temps que toutes les addictions s'ancrent dans des problématiques similaires, la consommation excessive d'alcool répond aussi à une recherche de plaisir, couronnée par l'ivresse.

Cet état d'ivresse génère des troubles du comportement particuliers. Ainsi, l'alcoolisme peut être considéré comme étant au carrefour de la névrose et de la psychose du fait des fluctuations d'attitudes qu'il entraîne. L'altération des fonctions cognitives peut générer des épisodes délirants.

Certains auteurs ont décrit cet état comme étant proche de la névrose hystérique. Michèle Monjauze[46] évoque « une psychose spécifique, quasi autistique ».

En qualifiant implicitement la personne alcoolo dépendante de non responsable des effets de son addiction, on la place dans une position d'objet. Elle devient de fait, dans les représentations, non susceptible de penser, de vivre et d'agir en qualité d'être humain.

Ainsi, il est possible que certains adultes concernés trouvent des bénéfices secondaires à ne pas « aller voir » les souffrances à l'origine de leur entrée dans le « monde » alcoolique.

Comme J. Maisondieu[47], nous avons tendance à croire que la personne alcoolo dépendante reste un **sujet** dont il convient de respecter l'intégrité. Son désir de rester réellement vivant en dépend.

Notre positionnement comporte, il est vrai, quelque chose de l'ordre du militantisme et du respect de la dignité de l'homme, quel que soit le problème qui lui incombe.

Nous rejoignons pleinement cet auteur, lorsqu'il parle, à propos de l'alcoolisme, de « maladie d'amour ». Elle consiste, selon lui, à remplacer la relation à l'autre avec son corollaire l'émotion, par la relation à l'objet alcool qui, elle, ne mobilise que la sensation.

L'illusion de toute puissance de la personne alcoolo dépendante est préservée, puisqu'aucune place n'est faite à l'altérité et aux contraintes relationnelles qu'elle suppose.

---

46. *La part alcoolique du Soi*, Dunod, 1999.

47. *Les femmes, les hommes, l'alcool. Une histoire d'amour*, Payot, 2004.

L'amour, sous couvert de l'ivresse, est fantasmé grâce au produit qui favorise l'illusion de la jouissance.

Qu'en est-il, dans ce contexte, de la transmission des comportements, voire des types de relations vécues comme modèles, notamment pour les enfants grandissant ?

Nous avons souhaité, tout au long de cet ouvrage, attirer l'attention du lecteur sur les souffrances du système familial où la prise d'alcool, servant de rituel organisateur de l'identité familiale, a des conséquences directes non élaborées et occultées tant en matière de prévention que de soin.

En effet, conjoints et enfants nous ont confié leurs blessures grandes ouvertes. Nous avons cru entendre qu'elles pouvaient être génératrices, du fait d'une non-reconnaissance, de phénomènes d'addictions, revêtant différentes formes.

Nous avons observé parfois, chez certains enfants que nous suivons, une grande agitation, voire une excitation qui semble être le résultat d'une lutte incessante contre **la peur de l'effondrement** de son parent alcoolo dépendant (déliquescence, folie, accidents, mort). Cet effondrement fait écho à la **problématique essentielle de la personne alcoolo dépendante.**

Au cours de son développement, l'enfant peut montrer des **comportements emprunts de déviance :**

- *au niveau sexuel :* le message inscrit dans la mémoire du corps de l'enfant est que l'excitation sexuelle vient de la douleur, du conflit, voire de la peur. Cette **érotisation de la douleur** (lien entre plaisir et souffrance), peut rester ancrée dans la vie de l'adulte et entraîner des situations relationnelles préalables à l'acte sexuel, déclenchées dans le but de satisfaire ce postulat.
- *au niveau des relations affectives :* le défi, au sein de ces familles à transaction alcoolique, nous l'avons vu, n'est pas de vivre mais **d'exister**. L'ex-enfant de parents alcoolo dépendants ne peut exister s'il n'est pas sans cesse en train de mener des combats pour lui-même ou pour d'autres. La conséquence en est une dispersion et un éclatement qui conduisent à des situations relationnelles conflictuelles.
- *au niveau du rapport à la Loi (intérieure et des Hommes) :* il y a un vrai décalage entre la Loi intériorisée et celle qui se réfère au droit commun. La non-reconnaissance de la violence infligée à l'enfant devenu adulte a pour effet qu'il ne donne **aucun crédit au droit commun**, ayant pour référence des croyances faisant appel à l'irrationnel, l'imprévisible. Le système familial dans lequel il a grandi comporte une **absence de règles** telle que cela a souvent entraîné une confusion intergénérationnelle au niveau de la sexualité, de la répartition des rôles et des responsabilités.

Dans les services judiciaires, on retrouve parfois cet adulte, effrayé par le contact avec la justice, au point de montrer, lui qui ne boit pas, des symptômes liés à l'alcoolisme (bégaiement, vertiges, confusion manifeste ou fuite) alors même qu'il est abstinent.

- *au niveau de l'expression de ses ressentis :* la capacité à contrôler ses émotions est constamment observable chez ces enfants. Ils ont grandi en intégrant l'idée qu'il est **dangereux d'exprimer un ressenti**, car cela peut entraîner l'aggravation de l'état du parent « malade ». Lors des périodes d'abstinence, nombreux sont les enfants qui ne veulent plus parler sous peine de voir à nouveau leur parent s'alcooliser.

Boris Cyrulnik[48] travaille sur les traumatismes à l'origine de la résilience et les considère de manière optimiste. Il conforte notre position et notre croyance en la possibilité, si ce n'est de guérir, au moins de regarder les représentations à l'œuvre qui figent le problème et enkystent l'évolution psychique.

Nous savons que c'est un travail de longue haleine qui passe par une reconnaissance collective de cette souffrance spécifique, afin que l'enfant puisse peu à peu être réassuré dans son ressenti et que celui-ci soit validé par l'entourage.

En témoignant de ce travail, **nous avons voulu sortir du silence qui fait loi** concernant les enfants de parents alcooliques. Nous avons été soutenues en cela par les enfants eux-mêmes et par la plupart des parents concernés.

Le travail clinique accompli avec les enfants pendant six ans a entrouvert la porte vers un monde peu connu, peu repéré, parce qu'il n'exprime pas de plaintes… : « les ex-enfants de parents alcooliques devenus adultes ».

Une écoute particulière peut maintenant leur être proposée afin que **l'ombre de leur histoire cesse de se transmettre sur l'arbre des générations.**

Au travers de toutes les rencontres, conférences ou colloques auxquels nous avons participé, de nombreux professionnels ont exprimé leur besoin de se former et de clarifier leurs pratiques en direction des enfants comme des adultes touchés par cette problématique.

Dans le cadre de notre association (A D C) nous avons élaboré, en ce sens, des sessions de formation en direction des différents professionnels qui en font la demande. Ces temps de rencontres ont pour objectif de partager notre expérience clinique tout en poursuivant la recherche et l'échange autour de la problématique alcoolique et de ses effets sur l'entourage.

Il s'agit, lorsque l'on travaille avec une famille à transaction alcoolique :

- de repérer les signes qui permettent de diagnostiquer le problème (tant concernant la personne dépendante que la - ou les - personnes co dépendantes) ;

48. *Ces enfants qui tiennent le coup*, Hommes et Perspectives, 1998.

- de considérer qu'il est question d'un syndrome (ensemble de symptômes) ;
- d'évaluer la représentation individuelle et collective, en fonction de la culture sociale et (ou) culturelle d'appartenance ;
- d'être soi-même suffisamment à l'aise avec la résonance potentielle de la question de l'alcool dans son histoire, même et (peut-être surtout) « si l'on ne boit pas » (!) ;
- d'expérimenter des outils pour intervenir de manière plus pertinente.

Ainsi, peut-être, sera-t-il possible, au fil du temps, de remettre l'alcool à sa **juste place**, en l'appréciant le plus souvent… pour ce qu'il est et ce qu'il procure de **plaisir** occasionnel.

Dans la dépendance, tout comme dans la co dépendance, c'est le comportement qu'il s'agit de traiter, le rapport au produit et le sens qui s'y rattache.

Sans banalisation ni dramatisation, il sera donc question de regarder les effets, les traces que la consommation excessive d'alcool laisse dans la vie des personnes concernées.

Ces traces (petit clin d'œil symbolique à notre quatrième page de couverture) seront chaque fois à remettre dans leur contexte, en fonction de l'histoire du sujet et du groupe, en gardant en mémoire cette citation de Sartre : *« on peut toujours faire quelque chose de ce qu'on a fait de nous »*.

Parce que vie et pensée sont en mouvement permanent, nous espérons poursuivre cette réflexion... avec vous peut-être ?

Association Alcool, Dépendances et Co dépendances

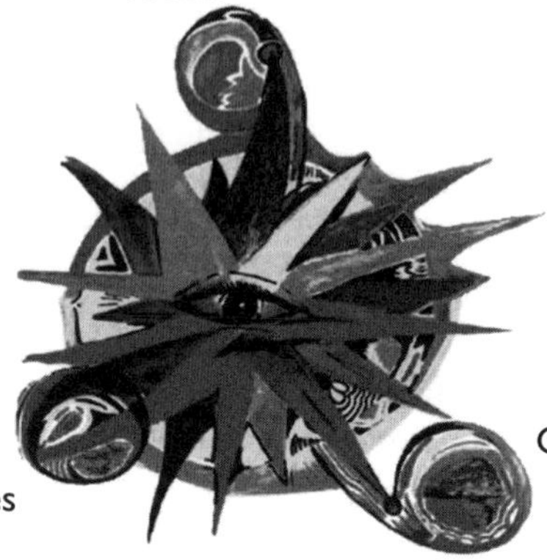

L'association a pour objet :

- **de proposer un accompagnement sous forme de groupe thérapeutique** à toute personne confrontée à la problématique alcoolique, que ce soit :
  - en ayant grandi en « milieu alcoolique » : nous entendons par là les ex-enfants de parents alcoolo dépendants devenus adultes et qui n'ont jamais pu élaborer leur histoire à partir de cette problématique spécifique ;
  - en étant, ou en ayant été, conjoint(e) d'une personne alcoolo dépendante ;
  - en ayant été soi-même alcoolo dépendant dans le passé.
- **de proposer des sessions de formation et/ou de sensibilisation** en direction des professionnels médicaux-sociaux-éducatifs et autres publics ;
- **d'être un pôle de recherche permanent**, tant pour ses intervenants, que pour ses adhérents, sur les questions des dépendances au sens large (dépendances relationnelle, affective, à un produit, à la nourriture, etc.).

A D C
23, rue Larrey
75005 Paris

Contacts courriel :
Dominique Demaria : dossourire@wanadoo.fr
Jocelyne Allain-Vovard : vovard.jocelyne@wanadoo.fr

À l'heure où ce livre va être édité...

Nous apprenons de manière très inattendue et presque sans délai qu'en raison de problèmes budgétaires, nous ne pourrons pas poursuivre le travail avec le groupe d'enfants et d'adolescents à l'hôpital Beaujon (Clichy). Après six ans d'un travail qui a montré sa pertinence, nous espérons vivement le reconduire en d'autres lieux qui restent à définir.

À l'annonce de cette nouvelle, voici le témoignage qu'ont tenu à faire, trois des adolescents accueillis :

Fanny, 17 ans : *« Savoir que nos rencontres touchent à leur fin éveille en moi une émotion certaine. Ces deux heures me sont chères et me permettent d'évoluer, non seulement vis-à-vis du problème d'alcool de mon père, mais aussi bien au-delà, dans la vie de tous les jours. Dire et partager ses expériences vécues est une façon de se libérer d'un poids qui est* TRÈS *pesant. Je perçois cet arrêt, visiblement pour faute de moyens, comme une façon d'ignorer la vie des enfants touchés par la maladie d'un ou de leurs parents. C'est dommage, car l'alcoolisme est un réel problème dans notre société. Cela révèle que cette maladie n'est pas considérée comme un problème, mais qu'elle est devenue « normale ». L'idée d'aller à un groupe de paroles m'a fait peur au début. Mais maintenant, ce lieu va me manquer. Une impression d'évolution personnelle restera toujours associée à cette expérience. Je ne peux m'arrêter d'écrire sans remercier Dominique et Jocelyne qui m'ont accompagnée, me faisant réfléchir et favorisant pour chacun de nous, un apaisement. »*

Bruno, 16 ans : *« je viens d'apprendre la triste nouvelle. Quelle déception !! Comment tirer un trait sur ce lien, ces heures passées, ces émotions livrées... ? Ce groupe m'a tant aidé depuis deux ans : aidé vis-à-vis de mon père et de son problème d'alcool, mais aidé aussi vis-à-vis de toutes les relations autour de moi. J'ai appris à discerner l'amour de la relation, les personnes de leurs comportements. J'ai pris confiance en moi, j'ai déposé ici mon malheur et toutes les mauvaises choses que je reçois régulièrement et qui me blessent. Ce groupe m'a soutenu, m'a beaucoup appris... à réfléchir, à relativiser, à écouter les autres, à m'écouter, à comprendre le sens de mes blessures, de mes tristesses, de mes colères. C'est dans ce groupe « Beaujon », comme on l'appelle, que j'ai compris que je n'étais plus seul, que la vie n'était* *pas que de la fatalité. « Beaujon » m'a fait comprendre que ce problème d'alcoolisme et d'alcoolo dépendance est très répandu dans la société. Cela m'a rassuré d'entendre que d'autres vivaient des situations pareilles à la mienne. Ce groupe m'a réellement aidé. »*

Manon, 13 ans : *« J'apprends aujourd'hui que le groupe de parole, auquel je participe depuis deux ans, s'arrête. Depuis que j'ai onze ans, je viens tous les quinze jours ici. Pour moi, c'est comme une habitude d'y aller, parce que là-bas je me sens bien. Je peux parler sans que personne ne me contredise, je peux dire ce que je ressens, en étant sûre d'être comprise. Savoir que le groupe s'arrête là me rend terriblement triste. Comment vais-je faire dans les années qui viennent : mon père ne va pas s'arrêter de boire tout de suite... À qui vais-je parler des problèmes d'alcool qu'il y a dans ma vie de tous les jours ? Ce groupe, il m'aide à me sentir bien depuis deux ans et du jour au lendemain, il s'arrête. Jamais je n'oublierai ce que venir ici m'a apporté. Mais j'espère bien que cela ne va pas se terminer comme ça... »*

Bibliographie

Ancelin Schützenberger A., *Aïe mes aïeux*, Desclée De Brouwer, 1998.

Batel P., *Pour en finir avec l'alcoolisme*, La découverte, 2006.

Barthes R., *Mythologies*, Le Seuil, 1957.

Bergeret J., *Psychopathologie pathologique*, Masson, 1990.

Bernstein B., *Langages et classes sociales*, Éd. de Minuit, 1986.

Bourdieu P., *Les héritiers*, Éd. de Minuit, 1979.

Carrer P., *Le matriarcat psychologique des Bretons*. Essai d'ethnopsychiatrie, Payot, 1984.

Caro G. (dir.), *De l'alcoolisme au bien boire*, L'Harmattan, 1990.

Chabalier H., *Le dernier pour la route*, Robert Laffont, 2004.

Chabalier H., *Alcoolisme le parler vrai, le parler simple*, Robert Laffont, 2006.

Chayer Jélineau P., Moreau F., *Guérir d'un parent alcoolique,* Novalis, 1998.

Chevalier J., Gheerbrant A, *Dictionnaire des symboles*, Robert Laffont, 1982.

Coulombier Y., *Manuel d'alcoologie sociale*, Chronique Sociale, 2007.

Cyrulnik B., *Parler d'amour au bord du gouffre*, Odile Jacob, 2004.

Cyrulnik B., *Ces enfants qui tiennent le coup*, Hommes et Perspectives, 1998.

Cyrulnik B., *Sous le signe du lien*, Pluriel, 1993.

Cyrulnik B., *De chair et d'âme*, Odile Jacob, 2006.

De Gaulejac V., *La névrose de classe*, Éd. Hommes et groupes, 1987.

De Gaulejac V., *Les sources de la honte*, Desclée De Brouwer, 1996.

De Gaulejac V., *L'histoire en héritage*, Desclée De Brouwer, 1999.

Éliade M., *Le mythe de l'éternel retour*, Folio essai, 1996.

Freud S., *Totem et tabou*, Payot, 1992.

Freud S., *L'interprétation des rêves*, PUF, 1926.

Freud S., *Essais de psychanalyse*, Payot, 1995.

Geneen R., *Lorsque manger remplace aimer*, Éd de l'Homme, 1992.

Kasimirski A. (trad.), *Le coran*, Baudoin, 1980.

Hampaté Bâ A., *Amkoullel l'enfant peul*, Actes sud, 1991.

Hanus M., *La résilience à quel prix,* Maloine, 2001.

Legrand J.-L. (dir.), *Histoires de vie collectives et éducation populaire*, L'Harmattan, 2000.

Latour M.-L.., *Le corps rôle et parole*, Chronique sociale, 1991.

Lecomte J., *Guérir de son enfance*, Odile Jacob, 2004.

Legrand M., *Le sujet alcoolique*, Desclée De Brouwer, 1997.

Levi Strauss C., *La pensée sauvage*, Plon, 1996.

Maisondieu J., *Les alcooléens*, Bayard., 1992.

Maisondieu J., *Les femmes, les hommes, l'alcool. Une histoire d'amour*, Payot, 2004.

Mauss M., *Fonctions sociales du sacré*, Éd. de Minuit, 1997.

Memmi A., *Le buveur et l'amoureux*, Arléa, 1998.

Miller A., *La connaissance interdite*, Aubier, 1990.

Monjauze M., *La part alcoolique du Soi*, Dunod, 1999.

Monjauze M., *La problématique alcoolique*, Éd. In Presse, 2000.

Monjauze M., *Comprendre et accompagner le patient alcoolique*, Éd. In Press, 2001.

Moro M.-R., *Parents en exil*, PUF, 1994.

Mucchielli A., *L'identité*, PUF, 1986.

Nathan T., *L'influence qui guérit*, Odile Jacob, 1994.

Nathan T., *Fier de n'avoir ni pays ni amis, quelle sottise c'était*, La pensée sauvage, 1993.

Niewiadomski C., *Histoires de vie et alcoolisme*, Éd. Seli Arslan, 2000.

Ortigues M.-C. et E., *L'œdipe africain*, L'Harmattan, 1993.

Pineau G., Jobert G., *Histoire de vie, tome 1 et 2,* L'Harmattan, 1992.

Puig Vergès N., *Aux sources de la psychose*, Hommes et groupes, 1987.

Roussaux J.-P., Faoro-Kreit B., Hers D., *L'alcoolique en famille*, De Boeck Université, 2000.

Salomé J., *Pour ne plus vivre sur la planète Taire*, Albin Michel, 1997.

Salomé J., *Contes à aimer, contes à s'aimer*, Albin Michel, 2000.

Salomé J., *Contes d'errances, contes d'espérance*, Albin Michel, 2007.

Tisseron J., *Du bon usage de la honte*, 2000.

Winnicott D.W., "Objets transitionnels et phénomènes transitionnels", *in De la pédiatrie à la psychanalyse,* Payot, 1989.

Yahyaoui A., (dir.), *Identité culture et situation de crise*, La pensée sauvage, 1989.

Un forum Internet entièrement dédié au problème de l'alcool dans la famille : www.forum-alcool-famille.fr